LE
GÉNÉRAL LAFAYETTE

A SES COLLÈGUES

DE LA

CHAMBRE DES DEPUTÉS.

IMPRIMERIE DE H. FOURNIER,
RUE DE SEINE, Nº 14.

LE
GÉNÉRAL LAFAYETTE

A SES COLLÈGUES

DE LA

CHAMBRE DES DÉPUTÉS.

PARIS,

PAULIN, LIBRAIRE-EDITEUR,

PLACE DE LA BOURSE.

1832.

LE
GÉNÉRAL LAFAYETTE

A SES COLLÈGUES

DE LA

CHAMBRE DES DÉPUTÉS.

Paris, 6 janvier 1832.

MES CHERS COLLÈGUES,

Il y a quelque temps que je trouvai dans un estimable journal, la *Revue Britannique*, un examen comparatif des dépenses gouvernementales de la France et des États-Unis. Les erreurs manifestes dont je fus frappé au premier coup-d'œil me firent plus d'impression lorsque je les vis reproduites avec affectation dans *le Moniteur* et dans quelques autres journaux. J'ai même reconnu qu'au moment de discuter les lois de finances, les paradoxes de cet écrit, fait avec soin, et sur des renseignemens spéciaux quoique inexacts, avaient jeté quelque hésitation dans l'opinion publique et jusque sur nos bancs. Déjà le rapport de la commission du budget, et le dernier message du président, qui se sont rencontrés fort à propos, ont fourni matière à comparaison; il m'eût peut-être suffi de relever à la tribune quelques assertions tout aussi imaginaires que la *maison de campagne* dont le président a été gratifié, et surtout de faire observer que l'auteur a pris pour dépense courante le remboursement de la dette qui doit être effectué avant trois ans; mais j'ai souhaité, pour un éclaircissement plus complet, que l'article entier de la *Revue* fût décomposé, et je me suis adressé séparément à deux amis qu'on ne taxera pas d'ignorance : l'un est M. Cooper, le célèbre auteur américain, citoyen de New-York, qui, dans un de ses ouvrages, *Observations sur les Américains* (1), a déjà publié des vues très-remarquables sur les constitutions et les caractères de son pays; l'autre est le général Bernard, dont le génie de Napoléon avait distingué les rares talens et les hautes vertus, qui fut son aide-de-camp confidentiel et le dépositaire de sa correspondance intime dans les temps les plus critiques, et qui, après le désastre de Waterloo et l'attentat de Sainte-Hélène, persécuté dans son pays, repoussant les offres des gouvernemens de la Sainte-Alliance, adopté par les États-Unis, leur a rendu, pendant quinze années, dans le génie civil et militaire, des services immenses, qui l'ont mis à portée de connaître à fond l'ensemble et toutes les parties de l'Union américaine.

Après avoir lu ces deux réponses, il m'a paru qu'au lieu de vous en porter de longs extraits à la tribune, mes propres observations devenant super-

----

(1) By a travelling Bachelor.

flues, il valait mieux, pour l'information publique et pour votre édification personnelle, faire traduire la lettre de M. Cooper et les faire imprimer ensemble, afin qu'elles servissent à éclairer votre jugement sur la comparaison qui a été provoquée par l'article de la *Revue* et les éloges de certains journaux.

Recevez, mon cher collègue, l'assurance de mon bien sincère attachement.

LAFAYETTE.

LETTRE

DU GÉNÉRAL BERNARD

AU

GÉNÉRAL LAFAYETTE.

Paris, 13 décembre 1831.

MON GÉNÉRAL,

J'ai eu l'honneur de recevoir la lettre que vous avez bien voulu m'écrire en m'envoyant un article de la *Revue Britannique* (n° 12. Juin 1831), relatif aux dépenses publiques comparées de la France et des États-Unis. L'auteur de cet article comprend peu le pays qu'il a cherché à comparer au nôtre sous les rapports financiers et administratifs, aussi est-il tombé dans des erreurs qui l'ont conduit à des résultats tout-à-fait inexacts.

Comparer les dépenses publiques de deux pays tels que la France et l'Union américaine, placés dans des circonstances si essentiellement différentes, exigerait non seulement de grandes recherches, mais encore une connaissance parfaite du système financier de chacun de ces pays. Mais une pareille tâche n'est pas nécessaire pour montrer que l'auteur de l'article est loin d'avoir présenté un rapport plausible entre les charges publiques en France et celles aux États-Unis; aussi vais-je me borner à vous soumettre quelques données positives qui, je l'espère, seront de nature à fixer les idées sur l'ensemble de la question, et à prémunir contre toute exagération.

Avant d'établir ces données, il convient de remarquer que l'auteur insiste beaucoup sur les traitemens des fonctionnaires publics aux États-Unis; et il trouve qu'en effet les employés y sont plus rétribués qu'ils ne le sont en France. En cela, les États-Unis agissent tout-à-fait dans des vues même d'économie; car si l'on veut que le fonctionnaire apporte le talent et l'intégrité nécessaires pour bien remplir sa gestion, il faut qu'il soit raisonnablement rémunéré. Cependant, si l'on considère qu'aux États-Unis la journée de travail vaut au moins le quart en sus de ce qu'elle vaut en France, et que les fonctionnaires ne reçoivent pas de pension de retraite, on admettra que, dans ce pays, les traitemens n'y sont pas aussi élevés qu'un premier aperçu pourrait le faire supposer.

Afin d'établir quelque comparaison entre l'administration financière en France et celle aux États-Unis, j'ai décomposé le budget américain en sections analogues, autant que possible, à celle du budget français. J'ai choisi, à cet effet, le budget américain des dépenses pour 1830 (extrait du *National Calendar*, 1831), et le budget français *présenté* pour les dépenses de 1830 (extrait de l'Annuaire du budget, par M. Roch). Les résultats sont ainsi qu'il suit, le dollar étant évalué à 5 fr. 25 c.

BUDGET FRANÇAIS.

Dette Publique............,............ 247,943,065 fr.

Liste Civile...................... 32,000,000

Justice.

Administration centrale..	552,000 fr.	
....	19,097,020	
	19,649,020	19,649,020

Affaires Etrangères.

Administration centrale..	820,000	....
....	8,180,000	....
	9,000,000	9,000,000

Intérieur.

Administration centrale..	1,151,000	
Ponts-et-chaussées, mines, lignes télégraphiques , travaux publics, dépenses départementales...	91,513,517	
Diverses	12,935,483	
	105,600,000	105,600,000

Affaires Ecclésiastiques.

Administration centrale..	370,000	
....	35,551,500	
	35,921,500	35,921,500

Instruction Publique.	1,995,000	1,995,000

Comm. et Manufactures.

Administration centrale..	450,200	
....	2,844,000	
	3,294,200	3,294,200

A reporter. .... 455,402,785 fr.

BUDGET AMÉRICAIN.

. . . .   52,500,000 f. 00 c.

. . . .   131,250   00

Département d'Etat.

. . . .   170,409 f. 75 c.
. . . .   3,179,101   69
                             3,349,511   44   3,349,511   44

A reporter . . . .   55,980,761 f. 44 c.

BUDGET FRANÇAIS.

D'autre part. . . . . 455,402,785 fr.

Guerre.

Administration centrale..	1,577,000	. . . .
. . . .	185,623,000	. . . .
	187,200,000	187,200,000

Marine.

Administration centrale..	790,000	. . . .
. . . .	64,480,000	. . . .
	65,270,000	65,270,000

Finances.

Administration centrale..	5,000,000	. . . .
. . . .	94,954,100	. . . .
	99,954,100	99,954,100

Poste aux Lettres.

Administration centrale..	2,233,530	. . . .
. . . .	14,546,294	. . . .
	16,779,824	16,779,824

Administrat. des revenus
publics.

Administration centrale..	3,000,955	
. . . .	108,388,268	
(La Poste exceptée).....	111,389,223	111,389,223

Remboursemens et restitutions.. 41,939,397

Total du Budget Français.. . . . . . 977,935,329 fr.

BUDGET AMÉRICAIN.

D'autre part. . . . .   55,980,761 f. 44 c.

Département de la Guerre.

. . . .   327,429 f. 38 c.

Armée, fortifications,
matériel de l'artill.....   20,601,943   47

Travaux publics. . .   4,454,748   06

Indiens.   2,749,725   14   } 28,133,846 f. 05 c.

28,133,846   05

Département de la Marine.

. . . .   247,112 f. 25 c.

. . . . :   22,466,660   21

22,713,772   46   22,713,772   46

Département de la Trésorerie.

. . . .   1,369,987 f. 50 c.

. . . .   21,911,335   85

23,281,323   35   23,281,323   35

Postes aux Lettres.

. . . .   (1) 321,772 f. 50 c.

. . . .

321,772   50   321,772   50

Total du Budget Américain. . .   130,431,475 f. 80 c.

(1) La poste aux lettres aux États-Unis n'est pas une branche de revenu
public ; les recettes en sont calculées de manière à couvrir seulement les dépenses : celles-ci ne sont pas portées au budget.

Ce cadre étant ainsi établi, je vais passer à quelques conclusions qui peuvent en être déduites. Je dois d'abord remarquer que le Département d'État comprend dans ses attributions ce qui, en France, est administré par les ministères des Affaires étrangères, de la Justice et de l'Intérieur, toutefois en retranchant des dépenses de ce dernier 91,513,517 fr. qui sont affectés aux services des Ponts-et-Chaussées, des Mines, des Lignes télégraphiques, des Travaux publics, et des départemens. En faisant cette réduction, et prenant proportionnellement pour le restant (12,935,483 fr.) une somme de 149,000 fr. pour les frais d'administration centrale, les trois ministères ci-dessus présenteront une dé-

pense totale de. . . . . 41,733,503 fr. 00 c.

Le Département d'État présente

celle de. 3,349,511   00

L'administration centrale des trois Ministères coûte 1/27 de la dépense totale; pour le Département d'État les frais se montent à 1/20.

Aux États-Unis, le Département de la Guerre a dans ses attributions l'armée, les travaux publics en améliorations intérieures, les affaires relatives aux Indiens. Pour comparer les dépenses de ce Département avec notre Ministère de la Guerre, il faut en séparer les deux derniers articles; alors les dépenses sont respectivement:

Pour le Ministère de la Guerre. 187,200,000 fr. 00 c.

Pour le Départ. de la Guerre.   20,929,372   85

Les frais d'administration centrale du Ministère de la Guerre coûtent 1/118 de la dépense totale; ceux du Département de la Guerre se montent à 1/86 de la somme totale administrée par ce Département.

Pour une armée qui ne se monte pas au-delà de 6,000 hommes, on trouvera, au premier aperçu, que 20,929,372 fr. 85 c. est une somme singulièrement élevée et même exorbitante; mais il faut observer : 1° qu'en temps de paix les États-Unis n'entretiennent que le nombre de soldats strictement nécessaire, tandis qu'ils ont un cadre d'officiers pour un effectif triple; au moyen de cet arrangement, leurs dépenses sont moindres en temps de paix, et ils se trouvent préparés en officiers pour l'état de guerre; 2° que le recrutement de l'armée se faisant par enrôlement volontaire, l'Américain qui prend du service comme soldat doit exiger l'équivalent de ce qu'il gagnerait s'il travaillait pour son propre compte; et dans ce pays le prix de la main-d'œuvre est fort élevé; 3° qu'en portant l'armée actuelle à 12,000 hommes, les frais d'administration centrale n'en seraient pas sensiblement augmentés; 4° que dans la somme ci-dessus sont comprises les dépenses de construction d'un formidable système de fortifications, celles pour la création du matériel d'artillerie pour les places et pour l'armée, et en outre 525,000 fr. votés annuellement pour fabrication de fusils et menues armes.

Mais je reviens aux dépenses comparées des Ministères des deux pays. Celles du Ministère de la Marine en France se montent à............ 65,270,000 fr. 00 c.

Celles du Département de la Marine aux États-Unis s'élèvent à 22,713,772 46

Les frais d'administration centrale du Ministère de la Marine sont 1/82 de la dépense totale; et ceux du Département de la Marine 1/92. Ces frais n'augmenteraient pas beaucoup aux États-Unis, si la dépense totale de ce Département venait à doubler par un accroissement dans le nombre des bâtimens de mer.

La dépense totale du Ministère des Finances, y compris les pensions, se monte à... 94,954,100 fr. 00 c.

Celle du Département de la Trésorerie aux États-Unis, y compris les pensions des officiers et soldats de la révolution à................ 23,281,323 00

Les frais d'administration centrale du Ministère des Finances forment 1/19 de la dépense totale ; et ceux pour le Département de la Trésorerie 1/17. Cette faible différence montre combien l'auteur de l'article de la Revue Britannique s'est mépris en avançant que si l'organisation des bureaux du Ministère des Finances en France était la même qu'aux États-Unis, il faudrait dans ces bureaux 1,500 employés au lieu des 900 qui, dans ce moment, y sont attachés.

Il y a plus, si l'on ajoute ensemble toutes les dépenses d'administration centrale pour les comparer respectivement aux montans totaux des deux budgets, on trouvera qu'en France les frais d'administration centrale forment la 59me partie du budget, ou à peu près 1 et 7/10 p. o/o, tandis qu'aux États-Unis ils forment la 53me, ou à peu près 1 et 9/10 p. o/o. On pourrait, à la rigueur, considérer cette différence comme nulle, en observant que les frais d'administration centrale doivent, dans leur rapport avec le montant d'un budget, diminuer à mesure que celui-ci augmente.

Aux États-Unis, la poste aux lettres n'est pas une branche de revenu public : elle est administrée de manière à ce que les recettes couvrent les dépenses : celles d'administration centrale sont les seules à la charge du trésor.

En 1828, les dépenses de cette branche de service étaient ainsi qu'il suit :

Traitemens des maîtres de poste, 3,019,616 fr. 25 c.
Transport de la malle (pour 41,000 lieues de France),....... 6,012,657　oo
Dépenses imprévues et accidentelles ,.............................. 309,083　25
____
9,341,356 fr. 50 c.
Frais d'administration centrale, 321,772　50
____
Total général. 9,663,129 fr. oo c.

Les dépenses d'administration centrale forment ainsi la trentième partie de la dépense totale : en France, elles sont beaucoup plus élevées.

En conséquence de circonstances singulièrement favorables et qui seront énumérées plus tard, le budget de l'Union ne présente qu'une somme de 130,431,475 fr. 80 c. en y comprenant la dette publique, et seulement 77,931,475 fr. 80 c. en laissant cette dette à part. Un aussi faible budget pour une population de près de 13 millions d'habitans, et dont le commerce extérieur est égal à celui de la France, donne à l'Union la possibilité de couvrir les 9/10 de toutes ses dépenses publiques au moyen d'une seule branche de revenu : je veux dire les Douanes. Le dixième restant est couvert par les ventes de terres nationales, et par l'intérêt des actions que l'Union possède sur la banque nationale. Quant aux Douanes, elles ont produit, en 1828, 135,654,566 f. 89 c.; les frais de perception se sont montés à 4,563,053 f. 25 c., c'est-à-dire à 3 et 4/10 p. 100; le produit net a été de 131,091,513 fr. 64 c.

Mais, en France, notre situation est loin de nous être aussi favorable : nos dépenses publiques les plus indispensables sont tellement élevées, que nous sommes inévitablement obligés d'avoir recours à une grande diversité d'impôts; et par conséquent nous nous trouvons dans la nécessité d'avoir un grand nombre d'employés pour recouvrer les impôts; aussi nos frais de perception se montent-ils à environ 11 p. 100. Cette dépense inévitable en est une bien grande avec un budget tel que le nôtre.

Quant aux transports et *transferts* des fonds publics, ils sont faits, aux États-Unis, par la banque nationale, et sans aucun frais pour l'État; c'est une des clauses insérées dans la charte accordée, par la législature, à cet établissement.

D'après ce court exposé, je crois que la comparaison des deux modes administratifs peuvent se résumer de la manière suivante :

1° Les frais d'administration centrale, comparés aux budgets respectifs, sont, en France et aux États-Unis, à peu de chose près, les mêmes; c'est-à-dire de 1 7/10 à 1 9/10 p. 100;

2° En raison d'une grande et inévitable diversité d'impôts, les frais de perception s'élèvent, en France, à 11 p. 100, tandis qu'aux États-Unis, où la Douane seule est suffisante pour couvrir les dépenses, ces frais ne se montent qu'à 3 4/10 p. 100;

3° En combinant ensemble les deux résultats précédens, on trouve qu'en France, les frais d'administration centrale, plus ceux de perception, sont, comparés au budget des dépenses, de 12 7/10 p. 100, tandis qu'aux États-Unis, ils ne se montent qu'à 5 3/10 p. 100.

Je vais maintenant essayer de comparer les charges publiques que les deux pays ont à supporter, et tâcher de trouver la moyenne par individu.

Si l'auteur de l'article de la *Revue Britannique* avait considéré les différences essentielles de situation entre la France et les États-Unis, il lui aurait été on ne peut plus facile de préjuger que l'habitant français devait nécessairement supporter un impôt plus fort que l'habitant américain.

En effet, l'Union américaine, séparée de notre continent par un immense océan, n'a aucun voisin redoutable sur la terre-ferme; elle est à l'abri de toute invasion ayant la conquête pour objet : 6,000 hommes en temps de paix, 30,000 en temps de guerre sont autant qu'il lui en faut. Elle a sur son territoire tous les matériaux pour bâtir et équiper des flottes : elle n'est, à cet égard, tributaire de personne. Son activité commerciale, jointe à l'étendue de ses côtes, lui fait déjà compter 130,000 matelots, tandis que la nature de ses exportations et importations lui assure les 10/11 du tonnage des bâtimens qui entrent dans ses ports, ou qui mettent à la mer. Les relations entre l'Union et les autres nations sont, vu les déserts d'un côté et l'Océan de l'autre, purement commerciales; et des guerres, soit dans l'Amérique du sud, soit sur notre continent, sont, pour le pavillon neutre de l'Union, des sources abondantes de prospérité. L'Union n'ayant dans ce moment qu'une population d'environ 13 millions d'habitans dispersés sur un territoire fertile, et d'une étendue égale à quatre fois et demie la surface de la France, est abondamment pourvue de moyens de subsistance, et par conséquent a peu de dépenses à faire, soit pour aider la classe ouvrière, soit pour maintenir l'ordre public : aussi n'y a-t-il aucune force armée permanente pour ce dernier objet. Enfin, l'Union, depuis quarante-six ans, est restée, en conséquence de son éloignement de notre continent, plus ou moins étrangère aux longues guerres qui ont désolé l'Europe pendant vingt-cinq ans, et qui l'ont écrasée sous le fardeau des dettes publiques. Pendant ce laps de temps, l'Union n'a eu à soutenir que trois années de guerre vraiment dispendieuses, celle contre l'Angleterre, et dont elle est sortie avec honneur, en montrant au monde civilisé que sa marine contribuerait efficacement à faire respecter la liberté des mers.

Sans pousser plus loin l'examen d'une situation de choses et d'un concours de circonstances si favorables, j'observerai qu'avec les belles institutions politiques qui régissent ce grand pays, il faudrait être bien préoccupé pour ne pas voir que l'Union doit nécessairement ne supporter que des charges publiques très-inférieures à celles que la force des choses nous impose en France si impérieusement. Cependant, l'auteur de l'article inséré dans la *Revue Britannique* prétend prouver qu'en dernière analyse *la charge publique qui pèse sur les États-Unis est de* 35 *francs par habitant, tandis qu'en France, également dans les temps ordinaires, elle n'est que de* 3*1 francs.*

Pour arriver à cet étrange résultat, l'auteur établit que les dépenses des États individuels prises en masse sont égales au montant du budget fédéral de l'Union qui, en nombre rond, se trouve être, ainsi qu'on l'a vu ci-dessus, de 131,000,000 fr., pour 1830

ci............................ 131,00,0000 fr.,
ainsi les dépenses des États seraient,
    suivant l'auteur, de............ 131,000,000
à quoi il ajoute : pour les péages sur
    les routes à barrières............ 10,000,000
pour le clergé................... 30,000,000
pour le service des milices en temps de
    paix........................ 50,000,000

Total..... 352,000,000 fr.

Maintenant, l'auteur divise cette somme par 11,000,000 qu'il suppose être le chiffre de la population de 1830. Mais ici il commet une première erreur; le recensement fait en 1830 a présenté une population de 12,856,497 habitans. En divisant le total ci-dessus par ce chiffre officiel, on trouve 27 fr. 30 c. pour la moyenne par habitant : chiffre qui est déjà au-dessous de 35 fr. Mais ceci est la moindre erreur, je vais en indiquer de bien plus graves : commençons par les dépenses des États individuels.

L'auteur n'a pas compris le budget de l'État de New-York, et sur lequel il a plus particulièrement basé ses calculs. Ce budget de dépenses se monte effectivement à 10,179,498 fr.; mais, sur cette somme, celle de 1,837,500 fr. est la moyenne payée annuellement par les contribuables : le restant des dépenses est couvert par les intérêts de fonds de réserve appartenant à l'État, et par le revenu des canaux Érie et Champlain, revenu qui se monte à près de 5,000,000 fr.

Je n'ai pas sous la main les budgets des autres États; mais je sais que celui de Virginie, considéré comme le plus élevé de tous, varie dans les limites de 400,000 et 500,000 dollars; la moyenne sera par conséquent de 450,000 dollars, ou 2,362,500 fr.

Ces deux États, New-York et la Virginie, n'ont pour rivaux en richesses et en population que le Massachusetts, l'Ohio, la Pennsylvanie et la Caroline du sud : leur population, en 1830, se montait ensemble à 3,188,753 habitans; la somme de leurs budgets s'elevera, d'après ce qui vient d'être établi, à 4,200,000 fr. Si l'on divise cette somme par le chiffre de la population, le résultat sera la moyenne de ce que paie un habitant de ces deux États, et, bien certainement, le maximum de ce que paient les habitans des autres États de l'Union : je trouve pour ce maximum 1 fr. 32 c. En le multipliant par 12,856,497 qui est la population de l'Union, on trouvera 16,970,576 fr. pour la somme des budgets spéciaux des États : chiffre qui est bien éloigné de celui de 131,000,000 fr. hasardé par l'auteur de l'article.

Il convient d'observer que l'on se tromperait beaucoup si l'on supposait que les dépenses portées dans les budgets particuliers des États sont entièrement payées par les contribuables. Presque pour tous ces États, une partie des dépenses est couverte par les intérêts de divers fonds de réserve; et pour plusieurs, une portion considérable du budget des dépenses est appliquée à des améliorations intérieures qui doivent devenir des sources de revenu public : telles que les grands canaux de New-York, de Pennsylvanie, de l'Ohio, etc. C'est cette considération qui me porte à regarder la somme ci-dessus, de 16,970,576 fr. comme le maximum de ce que les contribuables paient réellement pour les dépenses publiques des États : il convient d'ajouter que ces États n'entretiennent aucune force armée régulière, qu'ils n'ont pas de marine militaire, et qu'ils n'ont aucune relation avec les cabinets étrangers.

Je vais maintenant examiner ce qui est relatif aux péages sur les routes à barrières. Le développement des routes parcourues par la malle-poste des États-Unis est de 41,225 lieues de 25 au degré; mais j'ignore quelle est la portion de ce développement sur laquelle des droits de péage sont perçus. Cependant, ayant parcouru cet immense territoire dans toutes les directions, je puis affirmer que les routes à barrières sont assez fréquentes dans les États de l'est et du centre, surtout en Pennsylvanie; mais qu'elles le sont beaucoup moins dans les États du sud et de l'ouest. Et comme aperçu général, je ne crois pas que sur les 41,225 lieues de routes de poste, il y en ait 4,000 à péage. Ces routes à barrières sont plus soignées dans leur tracé et dans leur construction, et surtout mieux entretenues que les autres; les capitaux investis par des compagnies dans cette sorte d'entreprise rapportent rarement un bénéfice au-dessus de 4 p. o/o ; le plus souvent ils produisent beaucoup moins, parce que l'objet de l'entreprise est moins dirigé vers les avantages du péage que vers ceux d'une augmentation de valeur dans les propriétés territoriales, et d'une plus grande facilité dans les relations commerciales. Aussi, ces péages ne sont pas plus considérés, aux États-Unis, comme une charge publique, que ne le sont, en France, les péages sur les ponts, les canaux, les chemins de fer. Le Gouvernement général, de même que les États, fait d'ailleurs des routes comme nous en faisons en France, et les dépenses en sont portées dans les budgets; la Pennsylvanie seule en a fait construire (autant que je puis me le rappeler) pour une somme au-delà de 15,000,000 de fr. Je crois que ce peu d'observations m'autorise à ne point faire entrer les péages au nombre des charges publiques aux États-Unis.

Quant aux dépenses relatives au clergé, il m'est tout-à-fait impossible d'évaluer ce qu'elles sont aux États-Unis; la même difficulté existerait, même en France, s'il s'agissait d'ajouter le casuel aux émolumens portés au budget de l'État. D'ailleurs il en est, aux États-Unis, des congrégations religieuses comme de toute autre réunion publique : ceux qui veulent en faire partie en supportent exclusivement les dépenses. Pour éviter, à cet égard, les difficultés d'évaluation; je retrancherai du budget français les dépenses ecclésiastiques, et je ne ferai aucune mention de ce genre de dépense dans les budgets américains : par ce moyen j'éviterai de tomber dans des hypothèses qui seraient aussi vagues que peu satisfaisantes.

Il ne me reste plus à examiner que ce qui a rapport aux milices. A cet égard, je serai aussi court que l'auteur de l'article a été prolixe. Cet auteur, par suite d'hypothèses et de calculs qu'il serait on ne peut plus facile de renverser, évalue à 50,000,000 francs les charges publiques résultant du service des milices, puis il ajoute cette énorme dépense aux budgets de l'Union et des États. Mais, par une singulière méprise, il oublie d'ajouter à notre budget la dépense analogue, je veux dire celle de nos gardes nationales : ceci est une erreur évidente; et il ne fallait rien moins que de pareilles méprises pour arriver à la conclusion qu'un Français ne payait que 31 fr., tandis que l'Américain en payait 35. Du reste, l'institution des milices aux États-Unis est identiquement la même que celle des gardes nationales en France; excepté quatre revues, au plus, par an, les milices ne font aucun service régulier : les circonstances dans lesquelles se trouve le pays ne le requièrent pas. En cas d'invasion, les milices sont mobilisées ; mais les troupes régulières sont exclusivement chargées de combattre hors du territoire : le système est absolument le même qu'en France.

Maintenant, il ne me reste plus qu'à rétablir les sommes qui doivent servir à trouver la charge moyenne supportée par l'habitant américain : elles sont, d'après ce qui vient d'être exposé, ainsi qu'il suit :

Budget fédéral, y compris la dette publique,........... 130,431,475 fr. 80 c.
Budgets individuels des États, en omettant les portions non payées par les contribuables....... 16,970,576 00
Total. 147,402,051 fr. 80 c.

Somme qui, divisée par 12,856,497 (chiffre de la populat.), donne 11 fr. 47 c. pour la moyenne de la charge publique et gouvernementale payée par l'Américain.

En retranchant du budget français *présenté* pour 1830 : 1° les dépenses ecclésiastiques (35,921,500 fr.), 2° les remboursemens et restitutions qui, à la rigueur, ne sont pas des dépenses assignables aux contribuables, (41,939,397), il restera une somme de 900,074,432 fr. qui, divisée par 32,000,000, donne 28 fr. 12 c. pour la moyenne payée en France, par habitant, les dépenses ci-dessus exceptées.

Ainsi, en tenant compte des dettes publiques des deux pays, je trouve le rapport de 11 fr. 47 c. à 28 fr. 12 c., au lieu de celui exagéré de 35 fr. à 31 fr.

Mais en retranchant ce qui appartient aux dettes publiques, on trouvera que l'Américain ne paie que 6 fr. 06 c., tandis que le Français paie 20 fr. 37 c. pour les dépenses courantes du gouvernement. C'est ici où l'avenir financier des États-Unis est rempli d'espérance, tandis que le nôtre, à moins d'une longue paix, ne pourra nullement s'améliorer.

En effet, la dette publique américaine est presque entièrement formée d'emprunts portant intérêts, mais remboursables à des époques fixes : en 1835, tous ces emprunts seront éteints et liquidés. C'était pour rembourser ces emprunts et pour en payer les intérêts que, depuis la fin de la dernière guerre, l'Union a annuellement porté dans son budget une somme considérable, qui a varié dans les limites de 40 et 86 millions de francs. En supposant, ce qui est assez probable, que les dépenses courantes de l'Union soient, en 1835, à peu près les mêmes qu'en 1830, c'est-à-dire, 77,931,475 fr., ou en nombre rond 78,000,000 fr., il en résulterait : 1° qu'elle aurait à sa disposition, chaque année et toute dépense soldée, un fond de plus de 50,000,000 fr. ; 2° que la dépense annuelle de 78,000,000 fr. serait supportée par une plus forte population, population qui sera, en 1835, de 14,000,000 au moins ; et qu'ainsi la moyenne des charges publiques ne serait guères, en 1835, que de 5 fr. 57 c. par individu. Il est bon d'ajouter que dans la dépense annuelle de 1830, est comprise une somme de 6 millions et demi pour les pensions accordées aux officiers et soldats qui ont combattu pendant la guerre de l'indépendance : cette dette viagère ne peut manquer de s'éteindre bientôt, considérant l'âge avancé de ceux en faveur desquels elle a été instituée.

Quant au 50,000,000 de francs qui resteront disponibles en 1835 et années suivantes, quelle en sera l'application? Quoi qu'il en soit, ce sera une question neuve pour le Congrès, et aucune législature en Europe n'aura malheureusement, d'ici à long-temps, à diriger ses débats vers un pa ... suje 'administration.

Mais mon général, tout en admirant les belles institutions politiques de l'Union américaine et l'esprit éminemment entreprenant de ses citoyens, il faut reconnaître que d'autres causes, toutes aussi puissantes, ont, en même temps, singulièrement contribué à l'étonnante prospérité de cet empire naissant. Placé, pour ainsi dire, d'une manière insulaire sur l'autre continent, et séparé du nôtre par l'Océan, non seulement il peut rester étranger aux difficultés formidables qui nous assiègent en Europe, mais ces difficultés mêmes, tandis qu'elles conduisent à des guerres si désastreuses pour nous, procurent au commerce américain des avantages incalculables. Fondées à une époque où les idées d'une haute civilisation avaient fait de grands progrès en Angleterre, les colonies anglaises de l'Amérique du nord ont reçu, dès leur origine, les institutions politiques qui, en fait de principes, régissent aujourd'hui les États de l'Union, tandis qu'en Europe bien du temps et bien des sacrifices seront nécessaires, non seulement pour obtenir les institutions que le progrès des lumières réclame, mais encore pour que ces institutions soient convenablement appréciées et surtout bien comprises par les masses. Enfin, la population de l'Union se trouve, à l'époque actuelle, dispersée sur un espace presque aussi étendu que l'Europe (la Russie, la Suède et la Turquie exceptées); et sur cet immense et riche territoire, on ne trouve pas, comme chez nous, cette multiplicité de lignes intérieures de douanes qui nuisent tant au libre développement de l'industrie européenne. L'Europe est bien certainement la plus belle partie du monde, celle qui, à égalité de surface, offre les plus grandes ressources en tous genres; mais au lieu de s'entr'aider pour une prospérité commune, les nations européennes, sous l'influence de rivalités sans nombre, versent leur sang et ruinent leurs finances pour s'entre-nuire et pour paralyser mutuellement leurs progrès vers un meilleur état. Quelle leçon pour l'Union américaine! Le jour où celle-ci se briserait, ses débris tomberaient bientôt dans un labyrinthe de difficultés pareilles à celles qui, aujourd'hui, harassent les peuples européens.

Je vous prie, mon général, d'excuser la longueur de cette lettre, et d'agréer etc.

BERNARD.

LETTRE

DU GÉNÉRAL LAFAYETTE

A MONSIEUR

FENIMORE COOPER.

Paris, 22 novembre 1831.

MON CHER MONSIEUR,

Vous avez déjà dans un admirable ouvrage signalé les erreurs de quelques étrangers voyageurs aux États-Unis. Il vous appartient, en défense des institutions républicaines, de rectifier certaines comparaisons avancées dans la publication ci-jointe de la *Revue Britannique*. Indépendamment de notre commun intérêt américain dans cette affaire, j'éprouve le besoin de détromper ceux de mes collègues français qui croiraient pouvoir en conscience s'opposer à des réductions dans le budget, d'après la persuasion erronée que les taxes de ce pays-ci sont moins lourdes que les dépenses combinées du gouvernement fédéral et des États de l'Union. Le temps me manque pour entrer dans un examen particulier, mais il m'a suffi de jeter les yeux sur ces assertions pour y voir des erreurs beaucoup plus faciles à reconnaître qu'il ne le serait de découvrir cette *belle maison de campagne* dont l'auteur a doté la présidence. Je prends donc la liberté de remettre cette investigation en meilleures mains que les miennes, et je suis

Votre affectionné ami,

LAFAYETTE.

RÉPONSE

DE M. FENIMORE COOPER

AU

GÉNÉRAL LAFAYETTE.

Mon cher Monsieur,

Votre lettre, avec le numéro de la *Revue Britannique* du mois de juin m'est parvenue hier soir. J'ai déjà lu l'article fait sur une comparaison des dépenses du gouvernement américain avec les dépenses du gouvernement français et je me suis hâté de me conformer à votre demande. Je comprends que vous désiriez une réponse publique sur cet article et plus particulièrement sur ce qui concerne les finances de mon propre pays. Un Américain ne peut recevoir un tel avertissement de votre part, sans vous exprimer sa reconnaissance trop vive et trop durable pour permettre la moindre hésitation dans une démarche si juste en elle-même, surtout quand vous voulez bien vous adresser à lui dans l'intérêt de cette grande cause à laquelle vous avez dévoué une longue et utile vie. Je regrette seulement que la nature de mes occupations habituelles et la difficulté d'obtenir à Paris les documens qui me seraient nécessaires, m'empêchent de traiter convenablement ce sujet; cependant les réflexions qui se présentent d'elles-mêmes en parcourant la *Revue*, et les faits que je connais, sont entièrement à votre disposition. Vous en ferez l'usage que votre sage expérience approuvera.

L'article en question est un plaidoyer plutôt qu'un jugement. Aussi les assertions et déductions de l'auteur, par une conséquence naturelle de ce défaut particulier, sont souvent remplies d'inexactitudes et quelquefois de contradictions. J'ignore dans quel intérêt il a pris la plume, mais je crois pouvoir dire sans trop me hasarder que ce n'est pas dans l'intérêt des contribuables. Indépendamment de ces fautes inséparables de tout partisan d'un régime stationnaire, l'écrivain est tombé dans de graves erreurs de faits.

La *Revue Britannique* commence des remarques sur les finances des États-Unis en disant *page 287* : « Le budget fédéral des États-Unis, que l'on pourrait aussi appeler leur budget politique, ne s'est élevé en 1829, qu'à 24,767,119 dollars (131,265,729 fr.); *mais en temps de paix il s'élève à plus du double.* »

Je suppose qu'il y a ici une erreur d'impression, et que l'intention de l'auteur était de dire : « *en temps de guerre.* » Une nation est ordinairement maîtresse de fixer ses dépenses en temps de paix, tandis que ses dépenses de guerre dépendent de la politique des autres puissances; aussi, c'est précisément par ses dépenses en temps de paix que le caractère économique d'un gouvernement peut se juger, car celles-là dépendent absolument de sa manière d'administrer.

Cette assertion, que dans un temps de guerre les dépenses des États-Unis sont doublées, est vague et sans valeur, car une guerre peut coûter plus qu'une autre. En 1799, les États-Unis étaient en guerre avec la France, et les dépenses de cette année furent de 11,077,043 dollars, (*Voy. le National Calendar*, 1831, *page 220*,) presque moitié moins qu'en 1829; temps de profonde paix.

En 1803, les États-Unis étaient en guerre avec Tripoli, et le total des dépenses fut de 11,258,983 dollars. L'année 1813 fut une des plus dispendieuses pour la république, qui alors était en guerre avec l'Angleterre; le total des dépenses fut de 39,190,520 dollars. Cette somme *est beaucoup moins que le double de* 24,767,119 d.

Une guerre d'existence pourrait entraîner la ruine entière du pays. C'est ainsi que l'écrivain tombe, dès son début, dans de graves erreurs sur les faits, et met en avant des assertions évidemment erronées.

Les écrivains de chaque parti argumentent d'une étrange façon au sujet de la position géographique et des institutions politiques des États-Unis. A l'égard de l'Europe, sous ces deux rapports, les États-Unis sont dans une situation particulière, et l'on désire attribuer les particularités du caractère, des usages et de leur conséquences, à l'une ou à l'autre de ces causes, selon la fantaisie dont on est préoccupé. C'est ainsi que la violence, qui est quelquefois un effet de la vie troublée des frontières et le caractère d'une société naissante, est déclarée conséquence naturelle du républicanisme, tandis que la prospérité et les progrès qui sont le résultat des institutions, sont en même temps considérés comme un heureux privilège de l'enfance des sociétés. L'écrivain de la *Revue* n'a pas évité cette confusion de la cause avec ses effets. Je ne connais pas de grands et simples résultats du système américain qui tôt ou tard n'aient été attribués à quelque avantage tout-à-fait accidentel ou accessoire. Heureusement des faits éloquens sont là pour réfuter ces vaines théories. Quels sont les avantages des États-Unis, excepté ceux qui dépendent du caractère des peuples et des institutions que crée ce caractère, qui ne sont pas communs à toutes les autres contrées de l'hémisphère occidental ? N'est-ce pas une singulière contradiction de soutenir que les États-Unis sont prospères par ce qu'ils sont jeunes, et que le Mexique, le Chili, le Pérou sont en souffrance, parce qu'ils sont jeunes aussi ? Nous sommes entourés par des communautés qui sont plus jeunes et plus anciennes que la nôtre, et nous possédons dans notre propre Union presque tous les degrés de société, depuis celui où tous les arts sont cultivés jusqu'à l'état où l'on commence à défricher les forêts. Nous occupons vingt degrés de latitude et une égale étendue de longitude ; tous les cultes religieux existent parmi nous ; enfin pour compléter le tableau de notre situation, le triste esclavage s'est jusqu'à présent maintenu dans plusieurs états.

Dans cet aperçu général des avantages de notre pays, la *Revue Britannique* attribue le peu de dépenses militaires des États-Unis à leur position géographique. Il y a certainement quelque vérité dans cette opinion, mais elle est fort incomplète. Si nous possédons des avantages locaux de cette nature, nous avons aussi de grands désavantages. L'étendue du pays oblige à de fortes dépenses dont la France est plus ou moins exempte. Le poste militaire le plus éloigné est loin de Washington comme St.-Pétersbourg l'est de Paris. Les troupes et les munitions doivent y être transportées périodiquement et très-fréquemment, ce qui coûte beaucoup, à travers un désert. Ce qui ajoute encore aux dépenses annuelles de notre département de la guerre, c'est l'érection des forteresses. Les nations plus anciennes sont exemptes de cette charge ou du moins la supportent à un moindre degré. Si les dépenses militaires de l'Amérique sont moindres, cela vient surtout de ce que, ses institutions étant exclusivement fondées sur l'intérêt des masses, la nation pour maintenir l'ordre n'a pas besoin de recourir à la force. Mais pourquoi comparer des dépenses nationales, qui dépendent de causes variables, avec des intérêts qui ne peuvent pas être les mêmes chez les différentes nations? Il y a des intérêts évidemment communs à tout peuple civilisé, qui fournissent des preuves moins équivoques de l'économie ou du caractère extravagant d'un gouvernement, et qui ne dépendent pas de causes incertaines. Permettez-moi de rapides développemens.

Voici, selon l'écrivain de la *Revue*, le tableau des dépenses des États-Unis, pour l'année 1829:

Liste civile (1)............	1,323,966 dollars.
Relations extérieures........	207,060
Dépenses diverses..........	1,570,656
Dette publique.............	12,383,800
Marine...................	3,312,931
Département de la guerre....	4,730,605
Pensions.................	952,836
Indiens..................	589,159
	25,071,013 dollars,

Admettons que cette somme a été dépensée pendant l'année 1829 par le Gouvernement fédéral ; mais là-dessus presque la moitié, c'est-à-dire 12,383,800 dollars ont été consacrés à la dette publique, et non pas seulement au service de l'intérêt, car 9,841,024 dollars ont été payés *à compte du principal.* Vous savez que la dette entière des États-Unis sera payée dans l'année 1835.

(1) Ce qu'on entend par liste civile, en Amérique, c'est la dépense du congrès pour les traitemens de tous les officiers civils, les frais de bureaux, etc., en un mot, pour l'entretien de toute la machine civile du gouvernement, les relations extérieures exceptées.

Cette dette est le reste de l'argent donné pour l'indépendance nationale. La France n'a pas de charges de cette nature, mais elle en a d'autres et même de plus lourdes; celle, par exemple, qui vient de l'invasion de 1814. Ces faits prouvent qu'il est déraisonnable d'établir des comparaisons entre les dépenses qui ne sont pas communes aux deux pays. Afin de commencer une sorte d'enquête qui constate les dépenses du Gouvernement dans les deux contrées, je me propose d'exposer ce qui concerne spécialement les États-Unis, autant que mes connaissances me le permettent, laissant à ceux qui sont mieux informés le soin d'une semblable recherche pour la France, si toutefois la comparaison qui en résulterait est bien désirable.

Avant de commencer cette tâche, je dois préalablement établir quelques faits. La dette des États-Unis s'est accrue principalement par deux grandes causes; la guerre de l'indépendance et la guerre avec l'Angleterre en 1812. En 1790, à l'époque où fut organisée l'Union, la dette étant fondée s'éleva à 73,124,464 dollars. En 1812, elle fut réduite à 45,209,737 dollars, malgré trois guerres, celle de France, celle d'Alger, celle de Tripoli, et après une intervention coûteuse dans plusieurs débats plus ou moins graves avec les Indiens. La guerre de 1812 augmenta beaucoup la dette; elle fut de 127,334,933 dollars en 1816. Le 1er janvier 1831 elle a été réduite de nouveau à 39,123,191 dollars.

Au 1er janvier 1832, elle devait être entre 25 et 30,000,000 de dollars; mais je ne puis en préciser le montant (1).

Dix millions de dollars sont, d'après la loi, consa-

(1) Il paraît, par le dernier message du président, que l'excédant des revenus publics a permis au gouvernement de réduire encore la dette de 14 millins de dollars pendant l'année 1831. D'après ce document, le reste de la dette ne s'élève pas à 25 millions de dollars.

crés annuellement au paiement de la dette publique; et, comme les intérêts ne s'élèvent à présent qu'à 1,500,000 dollars, 8,500,000 dollars servent cette année à l'extinction du principal. Les remboursemens sont nécessairement soumis aux conditions des différens placemens; et, comme dans quelques années il n'y aura de fonds immédiatement rachetables que ceux dont l'intérêt ne passe pas 3 p. o/o, les paiemens ont été différés jusqu'aux époques convenues pour le rachat. Ce fait a causé une apparente irrégularité dans la réduction de la dette en différentes années. L'écrivain de la *Revue Britannique* fait monter la recette des États-Unis en 1829, à 24,766,119 dollars, et la dépense à 25,071,013 dollars; ce qui donnerait un excédant apparent de dépense sur la recette de 303,894 dollars, qui feraient supposer au lecteur peu instruit que l'État a dépensé au-delà de son revenu. Mais en examinant sa propre estimation, vous apercevrez qu'en 1829, 12,383,800 dollars furent réellement employés au paiement de la dette publique, c'est-à-dire, 2,383,800 dollars de plus que l'allocation régulière des 10,000,000 de dollars déjà mentionnée. Cet excédant venait de ce que la dette n'avait pas été rachetable au taux désiré l'année précédente. Et l'on peut ajouter que, malgré cela, il restait au trésor, le 1er janvier 1830, 5,755,704 dollars. Mais l'état suivant vous montrera la manière dont la dette a été payée durant les dix dernières années.

Paiement de la dette des Etats-Unis :

	Principal.	Intérêts.	Total.
1821.	3,279,821 d.	5,087,272 d.	8,367,093 d.
1822.	2,675,987	5,172,961	7,848,949
1823.	607,331	4,922,684	5,530,016
1824.	11,574,532	4,993,861	16,568,393
1825.	7,725,034	4,370,309	12,095,344

	Principal.	Intérêts.	Total.
1826.	7,706,601	3,977,864	11,045,466
1827.	6,515,514	3,476,071	10,001,585
1828.	9,064,637	3,098,867	12,163,505
1829.	9,841,024	2,542,776	12,383,800
1830.	9,443,173	1,912,574	11,355,748

La dette se trouva accrue entre les années 1821 et 1824, malgré les paiemens sur le principal, à cause de l'acquisition des Florides, de même qu'elle l'avait été en 1804 par celle de la Louisiane. Ces deux augmentations de territoire furent jugées avantageuses même sous le rapport pécuniaire. Vous voyez qu'en 1824, 16,568,538 d. ont été consacrés au paiement de la dette. La dépense ordinaire et extraordinaire de cette même année (y compris les sommes payées pour satisfaire à des réclamations qui dépendaient du marché des Florides) s'élevait à 15,390,145 dollars, ce qui, joint au paiement de la dette, donne un total de 31,898,538 dollars pour l'année 1824. (Voyez Nat. C. page 220.) La recette totale de la même année ne s'élevait qu'à 20,540,666 dollars. (Voyez Nat. C. page 216.) Si l'écrivain avait formé ses calculs sur cette année, à combien n'eût-il pas fait monter nos dépenses, surtout en suivant le principe ruineux de doubler les paiemens en temps de guerre !

Malgré de si fortes charges, je trouve (National Calendar, page 220), qu'à la fin d'une année où les dépenses semblaient avoir dépassé les recettes de plus de 11,000,000 de dollars, il restait au trésor 1,946,579 d. On ne peut juger le caractère d'un Gouvernement sous le rapport de l'économie, que par le montant de ses *dépenses courantes*, à par ce qui concerne la dette. Cette méthode même est sujette à erreur, pour ce qui concerne les États-Unis, puisqu'un pays qui possède un excédant de fonds, peut, ainsi qu'un particulier, le dépenser à des objets qu'il aurait négligés dans de moins heureuses circonstances.

Le Gouvernement fédéral a, d'après ce principe, employé de grandes sommes à des destinations de ce genre. Nous considérions, en 1817, notre dette de 123,491,965 d. comme étant considérable, et aucune pension, si ce n'est aux blessés, ainsi qu'il est d'usage chez les autres peuples, n'avait été accordée à ceux qui avaient combattu dans la révolution. Les militaires employés dans les troupes régulières avaient, long-temps auparavant, obtenu des concessions de terres et des indemnités. En 1818, la dette ayant été réduite à 103,466,663 dollars, on fit une concession aux soldats de la révolution qui se trouvaient dans le besoin. En 1819, ce don s'élevait à 1,847,900 d. En 1829, il n'était que de 689,384 dollars; mais la certitude de l'extinction de la dette en 1825, et l'excédant du revenu, porta l'État à accorder sans réserve une pension à tous ceux qui ont servi dans la guerre de la révolution. Chaque ancien soldat reçoit à présent 8 dollars par mois, sans qu'il soit besoin de prouver des infirmités ou des blessures. Ainsi, quoique nous n'entretenions que 6,000 hommes de troupes pour notre défense, nous payons une armée de plus de 16,000 vétérans. Toutes ces dépenses figurent au budget.

L'écrivain de la *Revue Britannique* remarque avec raison que la douane est la source du revenu des États-Unis. On croit que les recettes seules de cette année, d'après la prospérité extraordinaire du pays, surpasseront les charges. L'écrivain pense que le mode d'impôts étant sujet à des changemens, est inférieur à celui de la France. Mais la France ne tire-t-elle pas tout ce qu'elle peut d'argent par ses douanes? Si elles suffisent aux dépenses des États-Unis, cela tient à la prospérité du commerce et à la modicité des dépenses. Qui peut empêcher les États-Unis d'établir d'autres genres d'impôts, si ce n'est la préférence donnée à celui-ci et l'absence de la nécessité ?

Le rapport si considérable des douanes, qui monte à près du double des dépenses courantes y compris l'intérêt, mais non le principal de la dette publique, tient à une cause particulière. La situation de notre pays vous est bien connue; aussi long-temps que les guerres d'Europe nous forçaient à nous borner à recueillir les productions de notre terre, nous avons été un peuple agricole; les factoreries étaient peu nombreuses, comparées à la classe des producteurs. Mais quand la paix générale eût réduit les prix en Europe, il nous fallut changer de méthode. Le pays produisait par l'agriculture au-delà de sa consommation. Il fallait nécessairement tourner son attention aux arts de la vie, ou ne rien faire. Deux systèmes s'élevèrent naturellement. Ceux qui habitaient les terres à blé et les états plus peuplés, sollicitèrent protection pour leur industrie, par l'établissement de droits sur les importations; tandis que ceux qui habitaient les pays qui déjà possédaient le monopole par la nature de leurs produits, protestèrent contre la mesure. L'immense majorité de la nation se prononça en faveur des droits; et, à différentes périodes depuis la paix, un tarif a été fixé. On en voit le résultat.

Bientôt cependant, lorsque la dette sera payée, il est à croire que les droits seront diminués en admettant à bas prix, ou même libres de toute taxe, les objets qui n'ont pas à supporter de concurrence chez nous, tels que le thé, le café, les fruits secs, etc.

Le pays est sérieusement occupé de cette mesure, car il n'est pas dans la nature de ses institutions d'imposer des taxes sans une rigoureuse nécessité. Aussi long-temps qu'il restera une dette à payer, cet impôt sera tolérable; mais il sera probablement réduit, si nos manufactures le permettent, immédiatement après l'extinction de la dette.

Nous avons une autre espèce de revenu qui n'est pas fort considérable, mais qui équivaut à un neuvième des dépenses, la dette exceptée; je veux dire la vente des terres publiques. Réserver ces terres à l'État serait retarder l'amélioration du pays; mais le produit de leur vente n'est pas une taxe, puisque chaque individu reçoit une ferme en échange de son argent. Il faut ajouter à ces revenus un autre genre de propriété, les dividendes de la banque; leur produit s'élève au vingt-cinquième des dépenses courantes.

Vous voyez que ces détails étaient nécessaires pour comprendre ce sujet. Je ne doute pas que la loi qui pensionne les militaires de la guerre de l'Indépendance ne fût le résultat de l'excédant de nos recettes. Il y a d'autres faits liés à la situation des États-Unis, qui doivent être mentionnés.

Les États-Unis occupent 3,000 milles de la côte de l'Océan Atlantique, et presque autant du côté des lacs. Sur les premières et sur une grande portion des dernières, il faut entretenir des phares, des gardiens, élever des môles, et prendre toutes les précautions pour la sécurité de la navigation. Toutes ces dépenses, avec les souscriptions pour les autres travaux publics, paraissent au budget. Avant d'aller plus loin, permettez-moi de vous extraire le passage suivant de la *Revue*.

« On ne manquera pas sans doute de se récrier sur la « modération de ce budget, et de le comparer à l'énormité « du nôtre. On enviera le bonheur d'une nation étrangère « à la diversité de nos perceptions fiscales et qui ne connaît, pour ainsi dire, qu'un seul genre de recettes, celui « des douanes. On calculera qu'alors même que notre armée serait sur le petit pied de paix, notre budget serait « encore de près d'un milliard. D'où il résulterait qu'en « France la moyenne des charges publiques est de 31 fr. « par individu, tandis qu'aux États-Unis elle n'est que de « 13 fr. Mais c'est là une pure déception. On ne réfléchit

« pas que les vingt-quatre états qui composent l'Union
« américaine ne sont pas des provinces ou des départe-
« mens, mais des états indépendans qui ont chacun leur
« budget à part, comme ils ont leur constitution spéciale.
« Ainsi donc, pour connaître les dépenses publiques des
« États-Unis, il est nécessaire d'additionner les budgets
« spéciaux de chaque état avec le budget fédéral qui ne con-
« tient que les dépenses collectives de l'Union. Il faudrait
« aussi mettre en ligne de compte les dépenses des divers
« comtés qui ne figurent ni dans le budget fédéral ni dans
« celui des états. Ajoutons que sur aucune de nos routes il
« n'est perçu de péage, et que les dépenses pour leur en-
« tretien, sont toutes comprises au budget de l'état. Aux
« États-Unis, au contraire, un grand nombre de routes
« sont des routes à barrières sur lesquelles on ne circule
« qu'en payant. Il faudrait donc aussi cumuler, s'il était
« connu, le produit de ces péages avec les autres dépenses
« publiques. Avant de parler des budgets spéciaux, dé-
« composons quelques articles du budget fédéral, et nous
« verrons que les traitemens qu'il supporte, loin d'être
« réglés avec économie, sont presque toujours supérieurs
« à ceux des fonctions analogues en France.

« Les sociétés politiques, qui en Europe se sont récem-
« ment reconstituées sur de nouvelles bases, ont toutes
« jugé indispensable au maintien de leur repos de placer
« un roi au haut de leur hiérarchie sociale. Elles ont dû,
« en même temps, se résigner à supporter une assez forte
« dépense pour environner d'une splendeur nécessaire la
« famille investie de l'hérédité du pouvoir suprême. Le
« génie américain, qui a, en quelque sorte, l'espace
« pour exercer son ardeur, ne paraît pas, jusqu'à ce jour,
« avoir besoin de cette condition pour ne pas être turbu-
« lent et inquiet. Il a des pans de forêts à abattre, des
« tribus sauvages à dompter, des champs immenses, in-
« nombrables, à mettre en culture. Aucune dépense ana-
« logue à celle que nous nommons liste civile ne figure

« donc dans le budget fédéral, quoiqu'il y en ait une qui
« porte le même nom, mais qui désigne des dépenses
« d'une autre nature. Comme on l'a dit, un roi constitu-
« tionnel, dont aucun acte n'est valide dans le contreseing
« d'un ministre responsable, règne et ne gouverne pas. Le
« président des États-Unis, qui gouverne, ne trouve
« donc d'analogue en France que dans le président du
« conseil placé comme lui à la tête des affaires. Son traite-
« ment est de 25,000 dol. (132,500 fr.). Celui du prési-
« dent du conseil, en France, est fixé à 120,000 fr. dans
« le budget de l'état. Le président des États-Unis a en
« outre un hôtel magnifique dans Washington, et une
« maison de plaisance dans le voisinage de cette ville.
« Toutefois il paraît que son traitement est insuffisant
« pour couvrir les dépenses auxquelles l'usage l'assujétit.
« Un de ces usages dispendieux, c'est qu'il donne par
« semaine, pendant la session, deux grands dîners qui
« sont loin de se faire remarquer par la simplicité que
« nous attribuons aux habitudes républicaines. Ces dî-
« ners et les autres frais de la représentation du président
« ont dérangé la fortune de plusieurs de ceux qui ont
« exercé cette haute magistrature. M. Jefferson et M. Mon-
« roe sont même morts à peu près insolvables. »

Vous voyez sur quoi se fonde la *Revue*. On ne peut
nier que les États-Unis n'aient une double forme de gouvernement, et ceux qui connaissent ses opérations considèrent le fait comme étant d'une grande importance
pour la tranquillité et les progrès du pays. Je ne puis
entrer dans une minutieuse analyse des lois et des dépenses des vingt-quatre états. Si je possédais les renseignemens nécessaires, ce travail emploierait un mois, et
peu de personnes auraient la patience de me suivre dans
ces détails. Je tâcherai de vous exposer simplement le
résultat de manière à éloigner des objections futiles.

J'observerai d'abord que l'obligation de maintenir un

gouvernement sur une si vaste surface, donne un caractère particulier à la question. Les calculs doivent plutôt être fondés sur la superficie que sur le nombre d'habitans, puisque partout l'organisation est complète. Le maintien de l'ordre et l'administration de la justice ne coûteraient pas matériellement davantage pour une population de 100 millions d'ames, qu'aujourd'hui pour moins de 14 millions. On ne cumule aucune place, aucune ne pourrait être retranchée sans inconvéniens. Il faut soutenir trente cours de districts pour une population de moins de 14 millions; tandis que si l'Union n'était pas plus étendue que la France, proportionnellement à ses habitans, quatre cours feraient la besogne. Quoique les États-Unis entretiennent une si petite force militaire, ils donnent pleine paie aux officiers destinés, dans l'occasion, à diriger une grande armée ou une flotte respectable. A toutes ces dépenses, il faut ajouter l'argent payé aux Indiens, charge inconnue à l'Europe, et qui compte pour environ un vingtième dans le budget américain.

Je suis, comme vous savez, citoyen de l'état de New-York. Comme je connais mieux ce qui concerne les intérêts de l'état auquel j'appartiens, et qu'il est le plus considérable de l'Union, il pourra nous servir d'exemple. En établissant la contribution du citoyen de New-York pour le budget fédéral et particulier, nous saurons à peu près celle de la plus grande partie de ses concitoyens.

Les dépenses ordinaires et extraordinaires de cet état, ou son *budget*, comme l'appelle la *Revue*, quoiqu'il n'y ait pas eu de taxes pendant les cinq dernières années, peuvent être évaluées, année commune, à environ 350,000 dollars. Je vous induirais à erreur, si je vous parlais des dépenses d'une année en particulier; il vaut mieux prendre un terme moyen. Je crois que la somme que je viens de citer est un peu trop forte, mais je désire traiter ce sujet largement. Les dépenses ordi-

naires sont estimées à 3oo,ooo dollars, et des allocations
particulières les font monter quelquefois à 4oo,ooo. Mais
dans l'espace des cinq dernières années, l'estimation de
35o,ooo doit suffire.

L'écrivain a extrait de Williams' Annual Register de
New-York une longue liste de fonctionnaires et de leurs
appointemens , afin de montrer que les Américains
donnent de forts salaires. Je suis charmé que ce fait
soit connu, il détruira une erreur assez répandue. On
savait que le gouvernement américain imposait des
charges bien moins onéreuses que ceux d'Europe, et
jusqu'à présent on attribuait cette épargne à un peu de
parcimonie. Ce reproche a étési long-temps et si constam-
ment répété, que beaucoup de personnes même en Amérique le croient fondé. En point de fait le gouvernement des États-Unis, à peu d'exceptions près, paie ses
employés mieux qu'aucun autre gouvernement : cependant en considérant ce qu'il en obtient, et les différentes circonstances , je crois que c'est le gouvernement
le moins cher qui existe. C'est en cela que consiste son
excellence sous le rapport financier. Les citations de la
Revue sont justes.

Nous payons ces sommes aux officiers de l'armée et
de la marine, aux clercs dans les bureaux, aux juges,
aux membres du congrès et à tous les autres. Ceux qui
travaillent sont honnêtement récompensés; ils sont au-
dessus des tentations de mal faire, de recevoir des pré-
sens, d'abuser de leur situation pour se procurer les
moyens de vivre. Et si je conviens que l'homme n'est pas
plus parfait en Amérique qu'ailleurs, j'ajouterai que cette
politique produit un excellent résultat. Mais à quoi sert
de calculer les salaires des différens officiers, sans ajouter qu'ils sont tous compris dans le budget ? Williams'
Register de 1831 fait monter l'estimation de la dépense
du gouvernement fédéral, pour l'année courante, à

13,228,065 dollars (1) sans la dette publique. Ce n'est pas tout à fait un dollar par individu, et cependant, vous remarquerez les appointemens de 15,900 f., de Walter Lowrie, secrétaire du sénat. La même chose est vraie pour l'état de New-York; les salaires cités, même les appointemens des législateurs sont compris dans le budget de 350,000 dollars. Comme les charges sont en général bien remplies, il doit y avoir quelque bonne raison pour concilier cette contradiction apparente.

Mais il est temps de vous faire part de mes calculs; ils sont faits sur l'année courante, et fondés sur l'autorité de Williams' Register, sujets à des estimations additionnelles qui seront expliquées.

Dépenses ordinaires et extraordinaires du gouvernement fédéral.. . . . . 13,228,065 dol.
Intérêt de la dette. 1,500,000
Population, 1er juillet 1831;
. . . . .13,250,000] 14,728,065 [111 $\left(\dfrac{2,056,500}{13,250,000}\right)$ La réponse

étant en *cents*.

Dépenses ordinaires et extraordinaires du gouvernement fédéral . . . . . 13,228,065 d.
Dette principal et intérêt selon
la loi actuelle. 10,000,000
Population. . . . 13,250,000] 23,228,065 [175 $\left(\dfrac{13,250,000}{4,056,500}\right)$ Le quotient

est en *cents*.

Un *cent*, comme vous le savez déjà, est la centième partie d'un dollar; ou, comparé avec le sou dans la pro-

---

(1) D'après le dernier message du président, les dépenses doivent dépasser l'estimation de plus de 1 million de dollars. Un achat considérable de territoire fait aux Indiens et des indemnités aux commerçans par suite du traité fait avec le Danemarck en ont été les causes principales.

portion de 100 à 93. J'ai omis tous les chiffres excepté ceux nécessaires aux propositions et aux réponses.

Comme la population totale et l'estimation des dépenses courantes sont presque égales, nous supposerons que chaque habitant contribuera, un dollar, l'année courante, aux dépenses ordinaires et extraordinaires du gouvernement fédéral, *sans y inclure la dette.*

Notre calcul se trouve donc ainsi :

Contribution de chaque habitant au gouvernement fédéral dans l'année 1831.

Dépenses ordinaires et extraordinaires principal et intérêt de la dette inclus. . . . . 175 1/3 *cents* ou 9 fr. 9 s.
Dépenses ordinaires et extraordinaires sans le principal de la dette, mais l'intérêt inclus. . . 111 1/6 *cents* ou disons 6 fr.
Dépenses ordinaires et extraordinaires non compris le principal et l'intérêt de la dette. . . . disons 100 *cents* ou 5 fr. 7 s.

Dans tous ces calculs je porte la différence fractionnaire entre le *cent* et le sou sur le sou, et je considère que le dollar équivaut à 5 fr. 33 c. Voyons à présent les dépenses de l'État.

Dépenses ordinaires et extraordinaires de New-York, pour l'année 1831. . . . . 350,000 dol.
Population de l'État, 1er juillet 1831.

. . . . 2,000,000] 350,000 . [17 1/2.
Le quotient étant en *cents*, ou 19 sous.

Nous trouvons ce qui suit :

Contributions du citoyen de New-York aux budgets fédéral et de l'État.

	fr.	s.
Au budget fédéral, intérêt et principal de la dette inclus.	9	9
Au budget de l'État.	»	19
	10	8

	fr.	s.
Au budget fédéral l'intérêt de la dette inclus	6	»
Au budget de l'État.	»	19
	6	19
Au budget fédéral sans la dette.	5	7
Au budget de l'État.	»	19
	6	6

Je ne dis pas que ces résultats soient parfaitement exacts, car je n'ai pas les moyens de les rendre tels, mais ils le sont suffisamment pour un calcul général. L'estimation de la population est faite d'après des principes connus. L'Union gagna 3,218,366 ames depuis juillet 1820 jusqu'à juillet 1830, à peu près 320,000 par an. Il est évident que, dans un pays neuf comme l'Amérique, l'augmentation sera en proportion progressive, et il est certain que si l'accroissement était au-dessous de 320,000 dans les premières années, il a été dernièrement beaucoup plus grand.

Je crois l'augmentation annuelle aujourd'hui au-dessus de 400,000 ames. Le dénombrement de juillet 1830 donna. . . . . 12,856,497 ames,

Ajoutez-y 400,000

Ce qui donne 13,256,497, pour la population des États-Unis, au 1er juillet 1831, ou 6,497 ames de plus que l'estimation que j'ai faite plus haut. Quant à New-York, il y eut un dénombrement de l'État en 1825. Le résultat donna 1,616,458 ames. Le dénombrement de 1830 donne à New-York une population de 1,913,503 ames.

    1,913,503

    1,616,458

    297,045 augmentation en cinq ans.

Ceci fait une augmentation annuelle de 59,409 ames. En suivant les mêmes principes, l'augmentation progressive, nous pouvons supposer l'augmentation annuelle de la population de l'État suffisante pour nous donner à peu près 2,000,000 d'ames au mois de juillet 1831.

La *Revue Britannique* donne un budget de l'État de New-York fort différent du mien, bien qu'elle s'appuie sur les mêmes autorités. Elle a évidemment commis l'erreur de prendre le compte total de l'État pour toutes ses dépenses. L'État de New-York jouit de diverses recettes provenant de fonds qui lui appartiennent. Même pour ses dépenses ordinaires, il possède un fonds spécial, au moyen duquel il peut subvenir à la moitié de ses besoins. Il y a quinze ans environ, l'État conçut le plan d'une vaste entreprise, qui, outre les grands avantages politiques et sociaux qu'elle promettait, offrait en même temps le caractère d'une spéculation d'argent. Un système de canalisation fût projeté et a été depuis mis à exécution. A cet effet, l'État fit un emprunt hypothéqué sur le revenu de certaines sources d'eau salée, celui des ventes à l'enchère, et sur les recettes des canaux eux-mêmes, après leur achèvement. Si l'aliénation temporaire de ces gages n'avait pas eu lieu, l'État n'aurait besoin d'aucune taxe ou imposition pour les frais ordinaires du gouvernement. Aucune taxe pour cet objet n'a été établie, que je sache, depuis 1826, le revenu des fonds restés libres ayant été suffisans pour fournir à toutes les dépenses de l'État. La dernière taxe directe, qui existait avant mon départ de New-York, se montait à un demi pour mille. Vous savez que chez nous, lorsqu'on veut asseoir une taxe, la propriété qui doit y être soumise est toujours évaluée à un prix de beaucoup inférieur à sa valeur réelle; ce qui, en fait, réduit la taxe de près de moitié. Ainsi, la taxe de l'État étant assise à raison d'un demi pour mille, ne s'élèverait certainement pas à un tiers pour mille, si l'on avait égard à la valeur commerciale de la propriété. En prenant la moyenne des taxes imposées par l'État de

New-York durant les dix dernières années, pendant les-quelles elles ont été de un pour mille, d'un demi pour mille, et enfin totalement supprimées, je suis porté à croire que le citoyen de New-York n'a pas réellement payé annuellement pour cet objet un dix-millième de son avoir.

Les entreprises de canalisation, dont j'ai parlé plus haut, ont parfaitement réussi ; à tel point que, lorsque les conditions de l'emprunt permettront de le rembour-ser, New-York retirera, de ses canaux seulement, un revenu quatre fois plus élevé que ses dépenses ordi-naires. En outre, il rentrera dans la jouissance du pro-duit des sources d'eau salée, et de ses autres fonds en-gagés ; ce qui portera la portion de son revenu provenant de ses propres fonds à une somme cinq fois plus consi-dérable que celle qui est nécessaire au gouvernement de l'État.

L'écrivain de la *Revue* attache un grande importance aux charges qui pèsent sur les comtés, aux sommes em-ployées à l'entretien du clergé, à la perte de temps qu'en-traîne le service de la milice, et aux droits perçus à l'en-trée de certaines routes. Je ne puis donner qu'une idée générale de ces diverses sortes d'impositions, car elles varient beaucoup.

La plupart de nos charges locales sont semblables à celles qui existent en d'autres pays ; quelques-unes en dif-fèrent. Les exceptions sont autant en notre faveur qu'à notre désavantage. Ainsi nous n'avons point d'octroi en Amérique. Il n'y a aucun fonctionnaire salarié qui ne le soit par le budget, ou par la liste civile de l'État, excepté dans les villes importantes. Les juges de comtés ne reçoi-vent de paiemens qu'en honoraires de peu de valeur. Les shériffs, les employés, les coroners, les juges-de-paix sont également payés en honoraires, selon le nombre d'affaires qu'ils ont à traiter. Je crois qu'il en est de même chez la plupart des autres nations; mais je crois aussi que le taux de ces honoraires est moindre en Amérique que partout ailleurs.

Le service de la milice est infiniment moins pénible qu'en France. Dans aucune de ses assertions, l'écrivain de la *Revue* n'est tombé dans de plus grandes erreurs que sur ce point. Comme, à l'exception de certaines règles imposées par la loi générale, chaque État de l'Union organise sa milice selon ses convenances, je ne puis entrer ici dans l'examen de ces diverses organisations. A New-York, la durée du service ne va pas à la moitié du temps indiqué par l'article de la *Revue*; et l'évaluation qu'il fait en argent du temps sacrifié par le milicien est au-dessus de la réalité. Il a probablement pris quelques exceptions pour la règle.

Si l'Américain pouvait apprécier son temps aussi haut que le suppose l'écrivain de la *Revue*, 13,500,000 Américains pourraient supporter plus de charges que 32,000,000 de Français, car il est aussi certain que le prix du temps en France, n'a pas un tiers de la valeur qu'il lui a assignée. L'auteur se trompe sur tous les points. Il est à désirer que la milice soit plus disciplinée dans les cités que dans les campagnes, afin d'entretenir une meilleure police surtout à New-York, où se rassemblent de grandes quantités d'étrangers, et où il est nécessaire d'être en mesure pour les événemens imprévus du dehors. Dans ce but, des corps ont été formés, lesquels sont astreints à des manœuvres pendant cinq jours de l'année, et, si je ne me trompe, à d'assez longs intervalles l'un de l'autre. Le plus souvent la demi-journée seule est employée. Ces corps sont obligés de s'équiper eux-mêmes, et sont d'ailleurs soumis à un service beaucoup plus onéreux que les autres miliciens, bien que, comparé à celui qui est exigé des gardes nationaux français, il soit encore fort léger. Ils ne montent point de garde, ne font d'ailleurs aucun service habituel. Hors des garnisons, des maisons pénitentiaires et des vaisseaux de guerre, on ne voit pas un factionnaire dans tout l'état de New-York; on peut presque dire dans toute l'Amérique du nord. Ces corps d'élite sont composés de *volontaires*. Nul n'est obligé d'en faire partie, et ceux qui s'y enrôlent, outre la satisfaction de leurs goûts militaires, motif déterminant pour le plus grand nombre, y gagnent, après un certain nombre d'années, le droit d'être exempts pendant le reste de leur vie de tout service quelconque dans les milices, excepté dans les cas d'invasion ou d'insurrection. Quant au milicien ordinaire, il n'est tenu, autant que je me le rappelle, qu'à deux jours de manœuvres dans l'année, et n'est pas obligé de s'équiper. Il est vrai qu'il doit se présenter armé sous le drapeau; mais dans un pays comme l'Amérique ce n'est pas un impôt bien lourd; et rien n'est plus commun que de voir le milicien qui n'a pas le moyen de s'acheter des armes, en emprunter à son camarade qui en a plus qu'il ne lui en faut. Les armes d'ailleurs ne servent qu'à la manœuvre et aux revues, le gouvernement fournissant toutes celles qui sont nécessaires lorsque les miliciens sont appelés à un service actif. Des arsenaux appartenant soit à l'état en particulier, soit à la confédération, existent dans diverses parties du pays, et l'argent destiné à les construire et à les remplir, figure dans nos deux budgets. L'état de New-York seul possède trois cent vingt pièces d'artillerie de terre et onze arsenaux. L'auteur de l'article de la *Revue* se trompe encore lorsqu'il dit que le milicien n'est pas payé par le gouvernement lorsqu'il est en service actif. Non seulement il est payé, mais il l'est mieux qu'aucun soldat au monde. Le grand principe du gouvernement américain, qui consiste à ne rien accorder à une vaine représentation et à l'oisiveté, mais à payer équitablement celui qui sert utilement son pays, s'applique dans ce cas, comme dans celui de Walter Lowrie, qui reçoit 15,900 fr. en qualité de secrétaire du sénat. Le soldat des États-Unis, bien vêtu, bien nourri, et pourvu de tous les objets nécessaires à son équipement et à l'entretien de sa personne, reçoit en outre 5 dol. par mois, ou 18 sous environ par jour. Dès l'instant où un milicien est appelé à un service actif, il devient soldat, il est armé, nourri, payé (1) comme un soldat, l'intention de la loi étant de donner à celui qui sert le pays une compensation équivalente au taux moyen de la journée de travail, ou de lui fournir la faculté de se faire remplacer à un prix modéré; sans toutes ces circonstances la dette des États-Unis serait depuis long-temps éteinte, et nous n'en trouverions plus de trace dans le budget.

Il est positif que l'État de New-York ne contribue en aucune façon à l'entretien du clergé, en rien du moins comme on l'entend ordinairement. Les salaires du clergé proviennent de deux sources, des revenus qui appartiennent à certaines églises et de contributions volontaires. La plupart des salaires élevés (je veux parler de ceux qui montent de 8,000 fr. à 20,000, et le nombre en est borné,) sont le produit de domaines donnés en jouissance au bénéficiaire, ou proviennent de la location des bancs dans les temples; les salaires moins élevés se paient au moyen de souscriptions levées à cet effet. Selon Williams, il y avait à New-York, en 1830, 1382 ecclésiastiques ayant chacun leur église. Nous dépasserons de beaucoup la réalité si nous disons que chacun d'eux reçoit, terme moyen, 400 dol. Sur le nombre total 400 sont méthodistes, et ne reçoivent, je le tiens de bonne source, que 100 dollars chacun. Les ministres des

____

(1) Il ne reçoit pas d'uniforme, son service étant borné à la durée de six mois. On a payé même au milicien 8 doll. par mois dans la dernière guerre.

Baptists reçoivent rarement plus de 3oo dol., et 6oo dol., sont considérés comme un fort beau salaire dans un bourg de quelque importance. Je me souviens que le principal ministre de Cooperstown, qui est un chef-lieu de comté, ne touchait que cette dernière somme, laquelle provenait toute entière du produit de la location des bancs. Ainsi donc, en accordant un taux moyen de 4oo dol. pour le salaire d'un ecclésiastique à New-York, on dépasse le taux réel. Voici maintenant notre proposition.

Admettant que 1382 ecclésiastiques soient payés à raison de 4oo dol. l'un dans l'autre, ils coûteront au peuple la somme de 552,8oo dol. Les enterremens ne coûtent rien; les prières pour les vivans ou les morts sont gratuites (vous savez que les protestans ne prient pas pour les morts); il en est de même pour les baptêmes et aussi pour les mariages. Le prêtre qui, dans l'un ou l'autre de ces cas, refuserait son office à moins d'être payé, courrait grand risque de perdre sa place. Il est d'usage de donner une gratification au prêtre qui a béni un mariage, mais elle est toute volontaire; un petit nombre de gens très-riches font aussi quelques cadeaux au prêtre à l'occasion d'un baptême; mais la plupart des Américains considèrent une donation en pareil cas avec une religieuse horreur. Ils y voient une tentative pour corrompre le ciel. A la ville, des gants et des écharpes sont donnés aux prêtres, comme aux médecins et aux porteurs du poële, par un petit nombre de familles, dans les cérémonies funèbres; mais nous sommes si éloignés de payer un ecclésiastique pour un enterrement, que moi-même, accoutumé à d'autres usages, j'ai pour cette pratique un profond sentiment d'aversion. En un mot, en Amérique un prêtre est considéré comme un ministre de Dieu. On le paie pour qu'il puisse subsister; mais personne n'a la pensée que celui qui ne le paie pas

ait moins de titres à son ministère que celui qui le paie.
Vous remarquerez que ces faits ne sont pas sans importance dans la question que nous discutons.

L'entretien des pauvres est une charge sérieuse dans
certaines contrées. Il est vrai que la France y échappe
légalement, mais la pauvreté n'existe pas moins dans
son sein. A New-York les pauvres se composent d'étrangers jetés sur ses rivages, ne connaissant d'aucune manière le pays, et ne voulant ou ne sachant pas travailler;
d'orphelins laissés sans moyens de subsistance; de veuves
ayant de grandes familles; de malades ou d'infirmes, et
enfin de gens que le vice a plongés dans la misère. Cette
dernière classe est peu considérable. Le nombre ordinaire des pauvres dont la condition ne varie pas est pour
tout l'État, selon Williams, de 5790. Ajoutez à ce nombre
les pauvres qui le deviennent accidentellement, tels que
les individus qui demandent des secours temporaires ou
les voyageurs sans ressources qui traversent l'état, et
qu'il fait monter à 12,348. Il évalue la dépense totale de
l'entretien des pauvres à 246,752 dol. Vous observerez
qu'en somme, il n'y a pas un pauvre sur 101 habitans,
bien que New-York contienne plus d'étrangers pauvres
qu'aucun état de l'Union.

L'entretien des écoles publiques est peut-être l'impôt
qui pèse le plus sur le pays. 497,503 enfans recevaient
une instruction dans les écoles de l'État de New-York
en 1830. 580,520 dol. ont été payés pour le salaire
des instituteurs; la dispersion de la population sur une
surface très-étendue ayant porté à 9062 le nombre des
écoles publiques pour une population de 1,913,503.
Si l'on ajoute aux enfans élevés dans les écoles publiques ceux qui reçoivent leur éducation dans les institutions privées, nous aurons un total de 550,000. Il est
certain qu'environ 1.3 $\frac{50}{100}$ de la population de New-

York est en ce moment dans les écoles (1). Les instituteurs des écoles publiques absorbent par leurs salaires
une somme de 50 p. o/o plus forte que celle qui est nécessaire pour l'entretien du gouvernement de l'état tout
entier, y compris les traitemens du gouverneur, des
juges, des législateurs, des secrétaires, etc., etc.

Quant à ce que l'écrivain de la *Revue* dit des routes,
je trouve ses assertions fort injustes. Les routes à barrières, et pour lesquelles il y a un droit de passage à
payer, sont en petite quantité et me semblent une véritable
amélioration sociale. Si l'on établissait la comparaison
entre les routes de l'État de New-York et celles de France,
je suis convaincu que l'avantage resterait aux premières,
même sous le rapport pécuniaire. Il n'est pas de produit
plus sûr et plus prompt, dans un pays nouveau, que
celui d'une route. La plupart des routes à barrières de
New-York ont été ouvertes par de grands proprié-
taires sur leur propre territoire, mais aujourd'hui un
très-petit nombre seulement rapportent l'intérêt légal.
Les canaux, les rivières et les chemins de fer l'empor-
tent sur elles. Quant aux autres routes, elles sont entretenues par des contributions locales. La Pennsylvanie,
que cite l'auteur, est précisément l'État où les routes à
barrières se rencontrent le plus souvent, où elles sont
employées depuis le plus de temps et où elles ont été le

---

(1) L'auteur de cet écrit s'est livré à ces calculs pour répondre à quelques
assertions fort erronées sur ces matières, qui circulent en Europe depuis deux
ou trois ans. Le résultat de ces calculs a montré que dans toute la Nouvelle
Angleterre, dans l'État de New-York et dans l'Ohio, c'est-à-dire dans huit
états peuplés ensemble de 5,000,000 d'ames, 1. 3 $\frac{50}{100}$ de la population
se rendaient dans les écoles. La proportion est moindre dans les autres états.
Il est probable que sur 11,000,000 de blancs qui habitent les Etats-Unis,
presque 2,500,000 suivent en ce moment les écoles. Il faut remarquer que la
proportion du nombre des enfans relativement aux adultes, est plus considérable en Amérique qu'en Europe. (*Voy.* le cens.)

plus lucratives ; pourtant, même en Pennsylvanie, les
canaux et les chemins de fer leur font une concurrence
victorieuse. N'ayant aucun moyen de savoir quelles
sommes sont réellement dépensées par le public pour cet
objet, je bornerai là mes observations. Une route à barrières
est comme un pont à péage, établie pour l'avantage commun du capitaliste et de la société. La France a beaucoup
de ponts à péage ; Paris en a six et un septième en construction. Telles sont les charges qui pèsent sur le citoyen de New-Yorck et qui diffèrent de celles qui existent en France, les autres impositions locales étant les
mêmes que dans tous les pays civilisés. L'opinion que
ces impositions locales surpassent celles de France, me
paraît erronée ; au contraire, jugeant par ma propre expérience des deux pays, je pense qu'elles sont réellement
moindres. Que le citoyen de New-York dépense annuellement plus d'argent en améliorations que le citoyen
français, cela est probable ; mais c'est le résultat de
plus grands besoins, peut-être de moyens supérieurs.
Maintenant récapitulons et additionnons :

Budget de New-York. . . . . 350,000 dol.
Clergé. 552,800
Écoles publiques 580,520
Pauvres 246,752
$$\overline{\hspace{4cm}}$$
1,730,072 dol.

La population de New-York est de 2,000,000 h., qui
paient annuellement pour les charges spéciales de l'État,
1,730,072 dol., ce qui fait par personne 86 $\frac{1}{2}$ cents, ou
4 fr. 60 c.

Nous pouvons maintenant présenter un résultat plus
complet. Le citoyen de New-York paie aux budgets fédéral et de l'État, et pour divers objets d'utilité générale, ce qui suit :

Au gouvernement fédéral, y compris l'intérêt et le principal de la dette......... 9 fr. 45 c.
Au budget de l'État et pour les dépenses
des écoles publiques, du clergé et des pauvres................................. 4   60
                                    —————
                           Total... 14 fr. 5 c.

Ainsi, pour 14 fr. 5 c. par tête, les citoyens de New-
York jouissent du double avantage du gouvernement fédéral et du gouvernement de l'Etat. Ils paient annuellement
un quart de leur dette nationale, ils salarient leur clergé,
entretiennent leurs pauvres et envoient leurs enfans à
l'école. Dans ces calculs les frais de perception ne sont
pas compris. Je n'ai aucun moyen certain d'en connaître le montant, qui probablement doit augmenter de
quelques sous les contributions du citoyen de New-York.
Mais, comme j'ai compris, dans la somme qu'il paie, des
valeurs qui ne sortent point de sa poche, et qui sont en
réalité le produit de certains fonds, je suis convaincu
que, sous ce rapport aussi bien qu'à cause de la libéralité que j'ai mise dans mes évaluations, il obtient tous les
avantages sociaux dont j'ai parlé pour une somme essentiellement moindre que celle qui a été mentionnée,
même en y comprenant les frais de perception. Je
maintiens comme un fait que les autres charges locales,
qui existent dans tous les autres pays civilisés comme aux
Etats-Unis, bien que variant selon les circonstances,
sont en général plus légères là qu'en Europe. La *Revue*
dit que : « Les fonctions de maire ne sont pas comme en
« France toujours gratuites. Le traitement du maire de
« New-York figure au budget de cette ville pour la somme
« 26,500 fr. » Il n'existe pas en Amérique de fonctionnaire
analogue au maire français. Le chef de la police, dans
chaque cité (aucune ville n'a en Amérique le titre de cité
sans une charte spéciale), se nomme maire (mayor) et

reçoit un salaire, qui généralement est très-modique. Le maire de New-York, de beaucoup la plus grande ville de l'Union, n'a pas 26,500 fr. mais 15,750. Ceux des autres cités de l'Etat sont à peine payés. Il n'y a dans tout l'Etat que cinq cités et par conséquent cinq maires; et la totalité des salaires qu'ils reçoivent ne dépasse pas la somme indiquée par la *Revue* comme étant le salaire du maire de la ville New-York.

Permettez-moi d'appeler votre attention sur l'extrait que j'ai fait de la *Revue*. L'auteur paraît croire que, lorsque la population des Etats-Unis sera aussi condensée que celle de France, le pays sera obligé d'entretenir une liste civile très-différente de celle qui figure actuellement sur son budget. Ceci a long-temps été une opinion favorite des publicistes européens. Quant à moi, je pense que 100 millions d'habitans seront plus capables de défendre leurs libertés, et conséquemment leurs droits naturels, que 13 millions. Lorsqu'une nation comprend bien ses droits, ce n'est pas chose aisée que de les lui ravir. L'expérience montre qu'il n'y a point de règle absolue sur ce point. La Belgique, le pays le plus peuplé de l'Europe, a maintenant la constitution la plus libérale de ce continent, la Suisse exceptée; et les cantons de Zürich, d'Argovie et de Saint-Gall comptent parmi les pays les plus peuplés de la chrétienté. La Hollande, lorsqu'elle était république, était chargée de population; et l'Espagne, de nos jours, a moins d'habitans que plusieurs Etats de l'Amérique. D'ailleurs il n'est pas possible d'imaginer un pays possédant une forme paternelle de Gouvernement, dans lequel la conservation de l'ordre ne soit pas l'intérêt de la masse. Les argumens tirés des excès commis par certaines populations européennes, qui viennent à s'emparer soudainement de la souveraineté, sont peu dignes de notre considération. Si la réaction produite par la révolution de 1830 a été moindre qu'en 1789, c'est que les abus à réformer étaient moindres, et il ne faut pas oublier que la constitution américaine est déjà formée uniquement dans l'intérêt de la nation. Si elle laisse encore quelque chose à désirer, c'est le résultat de l'erreur et non de la volonté.

Ce n'est pas exagérer que d'admettre qu'en 1861 la population de l'État de New-York sera de 4 millions, ce qui, toute proportion gardée, donnera une population presque égale à celle de la France. Je crois que c'est se hasarder beaucoup que de supposer qu'alors la liste civile sera beaucoup plus forte qu'à présent. A l'égard des forêts qui sont à abattre, et de l'étendue du territoire défriché que nous possédons, si l'écrivain croit qu'elles exercent une si grande influence, il doit se réjouir infiniment de l'acquisition d'Alger, car il est certes plus aisé de franchir l'étroite mer qui sépare cette colonie de la France que de s'enfoncer dans une solitude sauvage pour en exploiter les produits. Que l'écrivain se soit trompé dans plusieurs des faits qu'il a avancés, vous avez déjà pu le remarquer; ce n'est pas la peine de nous occuper de la manière dont ces faits, erronés ou non, ont été présentés. Qu'importe, en effet, à la question qui nous occupe, que le président ait dix maisons de plaisance, ou une seule, ou point du tout (comme c'est en effet le cas), lorsque le budget nous donne rigoureusement le chiffre total de nos dépenses? Je pense qu'aucun président des États-Unis n'a jamais perdu un dollar par suite de ses services en cette qualité, bien qu'il soit très-probable que, si chacun d'eux eût tourné exclusivement son attention vers le soin d'augmenter sa fortune, il fût devenu plus riche. On peut se faire une idée générale de l'article de la *Revue* par les deux phrases qui terminent l'extrait que j'en ai donné :

« Ces dîners et les autres frais de la représentation
« du président ont dérangé la fortune de ceux qui ont

« exercé cette haute magistrature. M. Jefferson et M. Mon-
« roe sont même morts à peu près insolvables. »

Nous avons eu sept présidens. Le premier, Washington, est mort riche. Adam, le père, est mort ayant de
quoi subvenir à ses besoins. M. Madison est connu pour
être dans l'aisance; il en est de même de M. Quincy
Adams. Quant au général Jackson, il passe pour être
riche. Voici donc les *plusieurs présidens* dont parle l'article réduit aux deux qu'il a nommés! Or, les embarras de
fortune de M. Monroe, ni ceux de M. Jefferson ne sont
pas attribués à la présidence. La négligence qu'ils ont
apportée aux soins de leurs affaires privées pendant
de longues absences dans des pays éloignés, fut probablement pour tous les deux la cause de cet embarras. Je
n'ai pas la moindre idée qu'aucun président ait jamais
dépensé plus que son traitement pendant l'exercice de
ses fonctions, et je ne le crois pas du tout obligé à le
dépenser entièrement.

L'écrivain ne pense pas qu'il y ait aucune analogie
entre le président des États-Unis et un roi. Il le compare
plutôt à un président du conseil. Rien n'est plus certain
que ce fait que M. Andrew Jackson n'est pas un roi. Je
le tiens pour également convaincu qu'il ne le deviendra
jamais. Mais la distinction faite par le rédacteur est-elle
juste? Les Américains ne croient pas à la doctrine de
pouvoirs distincts dans le même gouvernement. Leur
théorie établit que des forces opposées ayant une égale
puissance, ne peuvent exister dans le sein d'une même
communauté. Ils admettent qu'une société civilisée ren-
ferme une grande diversité d'intérêts majeurs qui, à moins
qu'artificiellement séparés, se tiennent entre eux par une
infinité de liens, et ils estiment que le moyen le plus sûr
de prévenir l'ascendant usurpé de l'un d'eux, est de
mettre le pouvoir dans les mains de tous, avec la certitude que les parties respectives se porteront de leur

propre mouvement à des combinaisons telles, qu'elles tendront à conserver l'harmonie nécessaire à la société. Ils disent que ce qu'on appelle une balance des trois pouvoirs devient dans la pratique, en mettant les choses au mieux, un système de « *checks* », et ils ne croient pas qu'il soit sage de faire indirectement ce qui peut être mieux fait directement. Avec ces vues politiques, ils ont cherché à donner à leur gouvernement un ensemble, sans lequel ils ne croient pas qu'il puisse y avoir de paix intérieure. Ils disent que les gouvernemens ont trois formes générales, la monarchie, l'aristocratie et la démocratie, et que ces formes, comme les intérêts de la société elle-même, admettent une foule de modifications. On entend par monarchie cette constitution dans laquelle le pouvoir d'un seul est l'autorité prépondérante ou la plus influente; par aristocratie, celle dans laquelle une minorité a la direction des affaires; et par démocratie, celle où la majorité fait la loi. Supposer que la monarchie, la démocratie et l'aristocratie puissent exister paisiblement dans le sein de la même communauté avec des pouvoirs égaux, ou quelque chose approchant, c'est ce qu'ils croient illusoires. Il est aisé d'avoir les noms, mais ils pensent que les choses se détruiraient l'une l'autre. Ils ont préféré une démocratie, car telle avait été, en effet, la constitution établie par leurs pères; ils créèrent des obstacles à la formation de lois mal conçues, ou corruptrices; ils imaginèrent des moyens d'empêcher ceux qu'ils chargeaient de l'exécution de la loi, d'avoir la fantaisie de la faire. Les *checks* où les expédiens modérateurs, abondent dans leurs institutions; mais ils ont évité une *balance* (1) de pouvoirs comme une cause certaine de conflits hasar-

____

(1) La seule contrariété qui ressemble à une balance dans la constitution américaine, vient de ce que les pouvoirs du gouvernement fédéral, et du gouvernement d'état sont quelquefois indéfinis, et c'est précisément le côté faible du système. L'Angleterre nous offre aujourd'hui un exemple frappant de la

deux. Dans tous les cas, ils ont placé le peuple comme arbitre en dernier ressort. Ils ont créé un président, ils lui ont donné le pouvoir de commander leurs armées, de veiller à l'exécution des lois et d'apporter à l'œuvre de la législation certains retards lorsque son expérience du pouvoir exécutif lui en fera juger l'application convenable. Mais ils l'ont mis *lui et sa place* également à la disposition du peuple. Le président des États-Unis peut user, et a récemment usé du *veto* suspensif qui lui est attribué, car on n'est point jaloux de son exercice. Il y a long-temps qu'un roi d'Angleterre ne s'est hasardé à faire usage de sa prérogative, car la conséquence inévitable serait un changement de ministère qui, dans des cas particuliers, équivaut à un changement de roi. Le peuple américain peut réélire M. Jackson à la présidence l'automne prochain, si cela lui convient, et, avant l'automne qui suivra, il peut *constitutionnellement* détruire la place même de président. Il a des sénateurs, des représentans, des juges, pour faire mouvoir la machine du gouvernement, mais tous ces délégués sont à la disposition de la nation. Le résultat de ce système est la société la plus tranquille que j'aie jamais visitée. On dit communément que l'Amérique accomplit une grande expérience politique. Si l'opinion presque générale qu'on a en Europe de sa jeune démocratie est fondée, l'Amérique fait en ce moment deux expériences; celle du principe démocratique appliqué à de grandes communautés, et celle de l'union d'un grand nombre de communautés en une seule. L'Union américaine viendrait-elle à se dissoudre demain, on ne pourrait en rien conclure contre la démocratie; car la révolution de 1776 a suffisamment démontré qu'une aristocratie ne pouvait dominer de si vastes contrées, et

déception que présente la doctrine des trois pouvoirs. La crainte a donné une impulsion démocratique *à la branche démocratique*, et la nation est agitée comme une tempête.

les révolutions du Mexique et de l'Amérique du sud, que la monarchie est également impuissante pour atteindre le même but. Mais la démocratie n'est pas une expérience en Amérique ; elle y existe en effet depuis deux siècles. Quoique les Américains n'aient aucune foi dans la doctrine des trois pouvoirs (1), ils ne voient pas néanmoins la nécessité de se priver d'un agent aussi utile qu'un fonctionnaire chargé du pouvoir exécutif. Ils ont donc créé un président en ayant soin qu'il ne pût faire que le moindre mal possible. Il est responsable, il est vrai, comme le président du conseil, mais chaque huissier de la Chambre des Députés est aussi responsable que le président du conseil. La vraie manière d'envisager ce côté de la question, est de se demander qui est chargé de soutenir la représentation officielle des deux pays, qui reçoit les ministres étrangers, qui réfléchit la dignité de chaque nation, autant qu'on juge nécessaire de le faire par le moyen des cérémonies et des frais de l'étiquette. En Amérique ce devoir est, par la constitution, expressément assigné au président. Il serait aisé de montrer qu'il y a une différence réelle entre le président du conseil et le président des États-Unis, sous des rapports plus essentiels ; mais comme la question dont nous nous occupons est une question de dépense, il suffit de savoir qu'il n'y a pas de représentation ou d'étiquette officielles en Amérique qui n'entre dans les devoirs légaux de ce dernier fonctionnaire.

Votre appel m'a trouvé profondément occupé d'un travail qui s'accorde peu avec les calculs arides que nécessitent ces matières, et il est peu probable que j'aie

---

(1). Le gouvernement américain est composé de trois branches qui se modèrent mutuellement et en réalité, puisque émanées toutes trois du peuple elles sont également fortes. Si elles avaient une autre origine, l'une arriverait nécessairement à dominer les deux autres, comme cela a toujours eu lieu en Angleterre : le peuple décide toujours à l'amiable et en dernier ressort.

réussi, à traiter avec intelligence et succès un sujet aussi imprévu. Je répète que mes estimations ne sont pas d'une exactitude rigoureuse ; mais je crois avoir pris soin de ne pas tomber dans des erreurs favorables à ma thèse. Je ne crois pas que les salaires du clergé dans l'État de New-York, *reçus directement* des congrégations, atteignent la moyenne de 400 dollars, quoiqu'il soit possible que les salaires eux-mêmes s'élèvent à cette somme. L'usage de louer les bancs des églises pour faire un traitement à l'ecclésiastique qui les dessert est général. Dans beaucoup de cas, il atteint complètement son objet.

Une centaine de bancs à 26 fr. donnent un fort beau revenu à un prêtre de campagne. Chaque banc peut contenir six places, ce qui ferait douze sous par dimanche au prix des chaises dans un église de Paris, et beaucoup plus annuellement que le prix du banc, sans compter la perception qui se fait les jours de fêtes extraordinaires. Vous voyez, mon cher monsieur, par cette simple explication, combien il est difficile de comprendre tous les détails des usages et des opinions étrangères, et dangereux d'en parler sans en avoir une connaissance personnelle.

Il est juste d'ajouter que les calculs de la *Revue* sont basés sur les résultats de 1829 (bien que fréquemment erronés comme sur l'article de la population), tandis que les miens sont basés sur les résultats et les estimations de l'année 1831. Je m'en serais tenu à l'année 1829, si cela avait dépendu de moi ; mais je ne l'ai pas pu, parce que je possédais le registre de Williams pour 1831.

Dans très-peu d'années, la dette des États-Unis sera payée, et New-York rentrera dans la jouissance entière de ses canaux (1). Il sera donc au pouvoir de l'État de

______

(1) Le passage suivant est extrait du *Commercial Advertiser* de New-York

faire face à toutes ses charges ordinaires et extraordinaires, de soutenir ses écoles publiques, et de mettre le
peuple en état de payer son clergé; et tout cela seulement avec le revenu de ses propres fonds. Il n'est nullement probable qu'une telle politique soit adoptée, particulièrement en ce qui touche le clergé; mais, si elle
l'était, le citoyen de New-York jouirait de tous les avantages que j'ai énumérés, moyennant une contribution de
moins de 5 fr. Il n'y a que l'emploi fort peu judicieux de
ses ressources actuelles qui puisse empêcher New-York
d'avoir bientôt un revenu excédant de beaucoup ses besoins sans taxes d'aucune espèce. Ce résultat doit être
atteint avant l'année 1840. Dans cette année, la population des États-Unis dépassera probablement 17 millions; et comme les pensionnaires de la révolution seront
nécessairement très réduits, et que le prix des terres de-
vra hausser en raison de la prospérité du pays, il y a
toute apparence que la contribution réelle sera réduite
à 2 ou 3 fr. par chaque individu, à moins que des améliorations que promettent de grands résultats n'engagent
la nation à adopter quelque système qui entraîne une
dépense immédiate. Les États-Unis possèdent à présent
36,750,000 fr. en actions de la banque, produisant un
intérêt de 2,562,500 fr. Si une politique protectrice élève
le revenu fort au-dessus du besoin après le paiement de
la dette, l'excédant pourra être placé de même. Il n'y a
rien de chimérique à supposer dans de telles circonstances, avec l'accroissement de la population et de la
richesse du pays, que vingt années suffiront à l'établissement d'un fonds dont le revenu, joint au produit de la
vente des terres, satisferait à toutes les dépenses de la
nation. Dans ce cas, le citoyen de New-York ne sera

du 28 octobre 1831. « Notre pays se trouve placé dans cette situation singu-
«lière, de ne savoir que faire de l'excédant de ses revenus. » Ce fait n'est-il pas
propre à faire réfléchir l'observateur ?

soumis à aucune taxe pour le Gouvernement, si ce n'est les taxes municipales ; et même dans beaucoup de villes, il est pourvu à ces charges par des fonds locaux.

Des fonds de même genre sont aussi affectés à la plupart des charges importantes de l'État de New-York. Le fonds général est appliqué aux charges générales, telles que la liste civile, etc. le fonds des écoles, aux écoles publiques ; et le fonds des canaux, maintenant affecté au paiement de la dette des canaux, produit un excédant de près d'un million, intérêts et autres charges payés. Mais, à l'exception du fonds des canaux, qui est une sorte de spéculation, qui n'appartient pas proprement au Gouvernement, j'ai compté à la charge du citoyen, dans les calculs qui précèdent, les sommes mêmes qui proviennent annuellement de ce fonds. Ainsi, le fonds des écoles donne un intérêt de plus de 526,000 fr., le fonds général destiné à subvenir aux dépenses ordinaires, et qui a en outre des applications spéciales, donne aussi un revenu qui excède 525,000 fr. La dernière de ces sommes devrait être déduite de 1,837,500 fr. du budget ; et la première, de 3,046,230 francs consacrés à l'entretien des écoles. Mais j'ai considéré mon sujet beaucoup plus sous le point de vue du montant des dépenses que sous celui de la source du revenu, sans toutefois oublier que ce qui est libéralité chez un homme riche et exempt de dettes serait prodigalité chez un autre dans une position moins favorable.

Dans tout ce qui précède, je me suis basé sur l'application faite par la législature des États-Unis, d'une somme annuelle de 10,000,000 dol. pour l'acquittement de l'intérêt et du capital de la dette ; mais l'excédant des recettes sur la dépense, a engagé, depuis deux ans, la législature à affecter une somme plus considérable pour cet objet. Une lettre, en date du 21 octobre 1831, qui m'est adressée d'Amérique par un correspondant bien informé, contient ce paragraphe : « Ici nous marchons aussi bien que vous pouvez le désirer. Chacun prospère. Notre seule appréhension est de *n'avoir bientôt plus de dette nationale.* Au premier janvier le gouvernement possèdera en *bonds and stock* (en obligations et en inscriptions de rentes), les moyens d'en acquitter jusqu'au dernier dollar, et la banque ne demanderait pas mieux que d'escompter toutes ces valeurs, et de nous permettre ainsi de proclamer que nous ne devons rien. Quelle terrible situation pour ceux qui font des vœux en faveur d'un nouveau tarif !

« Nous avons eu une assemblée de commerçans qui réclament la liberté du commerce (free trade convention)(1), et nous en aurons une autre la semaine prochaine, qui soutiendra le tarif. Entre ces deux opinions, je suis disposé à croire que nous adopterons le parti le plus sage, celui de réduire graduellement le tarif jusqu'à ce qu'il ne soit plus qu'un moyen de lever un impôt suffisant pour satisfaire à nos besoins. Ces besoins peuvent être couverts avec 63 millions de fr., tandis que les recettes, cette année, seront de 157,200,000(2) ! »

Vous observerez que je ne présente pas les faits sous le point de vue le plus avantageux au pays. J'ai désigné l'année 1831 comme étant celle où la dette s'étendait, parce que les conditions des emprunts permettent au créancier de refuser son remboursement intégral jusqu'au

---

(1) Ces assemblées extra-officielles ne sont autre chose que des réunions de délégués chargés d'exprimer hautement les opinions et les vœux des citoyens qui les ont choisis. Elles ont lieu très-fréquemment, tantôt pour un objet, tantôt pour un autre, et servent à stimuler ou à manifester l'opinion publique, ce qui, dans un gouvernement populaire, est ce qu'il y a de plus raisonnable.

(2) En 1835 la population des États-Unis sera de 15,000,000. Comme alors la dette sera payée et les pensionnaires de la révolution beaucoup diminués, les besoins réels du Gouvernement n'exigeront pas pour chaque citoyen une contribution plus forte que 4 fr. 25 cent. Cette somme couvrira toutes les dépenses du gouvernement fédéral en temps de paix.

1er janvier de cette année; mais ainsi que me le mande
mon correspondant, il sera aisé pour le gouvernement
de se débarrasser de cette dette, par un arrangement
avec la banque, en réservant toutefois sa responsabilité.
Vous ne doutez pas que les terreurs de mon ami ne
soient une plaisanterie, car il n'y a qu'un bien petit
nombre d'Américains assez peu au courant des vrais
principes d'économie politique pour croire qu'une dette
publique soit un avantage public. Dans les gouvernemens qui ont un caractère factice, où les intérêts
des masses sont subordonnés à des combinaisons artifi-
cielles et étroites, une dette peut être un moyen de porter celui qui perd à un tel système, à se soumettre à une
injustice générale, afin de garantir un besoin particulier
pressant. Mais dans un gouvernement comme celui des
États-Unis, où chaque citoyen a un droit direct et ina-
liénable de souveraineté, il serait aussi faux de dire que
l'existence d'une dette ne diminue pas sa part de droit,
qu'il le serait de dire que le propriétaire d'un bien hypothéqué a le même intérêt dans sa propriété après qu'il a
signé l'acte d'aliénation, que celui qu'il avait avant
qu'elle fût grevée.

La fréquence et le montant des contributions pour
des objets d'utilité publique, qui ont lieu dans toute l'é-
tendue de l'Union, induisent quelquefois l'étranger en
erreur au sujet des impôts, particulièrement si leurs recherches sont dirigées dans un esprit d'hostilité soit
contre les institutions, soit contre le pays. Par ces cotisations j'entends les sommes levées sur la propriété réelle,
afin de défrayer les dépenses de l'ouverture et des pa-
vages de rues nouvelles dans les villes, de l'établissement
des routes et de la construction des ponts, en un mot,
afin de faire tous les ouvrages nécessaires pour transfor-
mer un désert en une contrée civilisée. Eu égard à l'a-
grandissement progressif des État-Unis, il est probable

que ces contributions excèdent matériellement celles qui sont payées dans d'autres pays pour les mêmes objets. Mais de pareilles charges sont supportées avec la conviction que la propriété taxée a reçu un équivalent dans la plus-value de la propriété elle-même, conviction qui est suffisamment justifiée par l'augmentation de la richesse et de la prospérité générale du pays. Vous remarquerez, par exemple, la différence à cet égard entre l'État de New-York et la France dans l'état comparatif de la population des deux pays. La population de la ville de New-York s'est accrue de la manière suivante : en 1790, 33,131 ames; en 1800, 60,489; en 1810, 96,373; en 1820, 123,706; en 1825, 166,086; en 1830, 203,000, sans compter le faubourg de Brooklyn, qui contient 13,000 ames. Indépendamment de cet accroissement de la population, la ville de New-York et Brooklyn couvrent une surface de terrain aussi étendue que Paris, et conséquemment la dépense du pavage, de l'ouverture des rues, etc., etc., étant tombée à la charge d'un nombre d'habitans comparativement peu considérables, se trouve nécessairement proportionnée à l'état des fortunes. Il en est de même des autres villes et villages et de tout l'État de New-York. Cet État a vu croître sa population dans les proportions suivantes. En 1790, il comptait 340,130 habitans; en 1800, 586,050; en 1810, 959,049; en 1820, 1,372,812; et aujourd'hui, il compte environ 2,000,000 d'ames. La population de New-York en 1790 n'occupait probablement pas plus de 10,000 milles (anglais) carrés de territoire, tandis que maintenant elle en couvre une étendue de plus de 35,000 carrés. Toute la surface de l'État, sans y comprendre les eaux, est estimée à 43,000 carrés, et les parties non habitées ont des chemins de communication. C'est en considérant la brièveté de la période pendant laquelle tant de travaux ont été exécutés, la moyenne proportionnelle de

la population durant cette période et l'étendue du territoire sur lequel de si remarquables améliorations ont
été accomplies, qu'on peut se faire une idée exacte de
la nature, de l'emploi et des résultats de ces taxes. S'i-
maginer que ces cotisations sont toujours égales dans
leurs effets serait supposer une uniformité dans le bien,
et une infaillibilité de jugement qui ne se présente jamais
partout également.

Je terminerai par un relevé sommaire des charges
imposées au citoyen de New-York, d'après les calculs
précédens, en rappelant toujours que j'ai plutôt exagéré
que diminué le chiffre de ces charges.

Aux gouvernemens fédéral et de l'Etat,
y compris l'intérêt et le principal de la
dette publique, les écoles, le clergé et
les pauvres, il paie en tout..........14 fr. o5 c.

En déduisant ce qu'il supporte pour
les écoles, le clergé et les pauvres, il
paie......................................10 fr. 4o c.

Si l'on écarte en outre ce qu'il a versé
pour l'amortissement de la dette, il ne paie
que.. 6   95

Si l'on déduit en outre sa part dans
l'acquittement de l'intérêt de la dette,
reste.. 6   3o

Au budget fédéral en excluant la
dette.. 5   35

Au budget de l'Etat de New-York.. o   95

A ces calculs ajoutons-en quelques autres encore pour
fournir matière à comparaison.

Le National Calender, p. 384, donne de la manière
suivante les estimations de l'année 1831, savoir :

Liste civile, relations extérieures et dépenses diverses
2,585,182 dollars.

Telle est la dépense générale du gouvernement fédéral, non compris les dépenses pour l'armée, les Indiens, la marine, les pensionnaires (1), les améliorations intérieures et la dette.

La population des Etats-Unis est de 13,250,000 ames, la dépense de 2,585,182 doll., ce qui donne 1 fr. 5 cent. par tête.

Ainsi la contribution du citoyen de New-Yorck pour satisfaire aux dépenses de la liste civile, des relations extérieures et aux différentes charges du gouvernement général est de. . . . . 1 fr. 5 c.

Sa contribution pour les dépenses particulières de l'Etat de New-Yorck, est de. . .   95 c.

Total. . . 2 fr.

Dans ce dernier chiffre ne sont pas compris la dette, l'armée, la marine, les pensions, les Indiens, le clergé, les pauvres et les écoles.

Je ne désire nullement établir la comparaison de ces faits avec les faits analogues en France; car je suis sincèrement convaincu de l'inaptitude d'un étranger pour se livrer à une pareille investigation. Et quand cela ne serait pas, l'exemple de la *Revue Britannique* est trop présent à mon esprit pour ne pas me laisser de doutes à cet égard.

Je suis, mon cher Monsieur, etc., etc.

FENIMORE COOPER.

_____

(1) Il y a des pensionnaires militaires aux Etats-Unis, mais il n'y a point de pensionnaires civils.